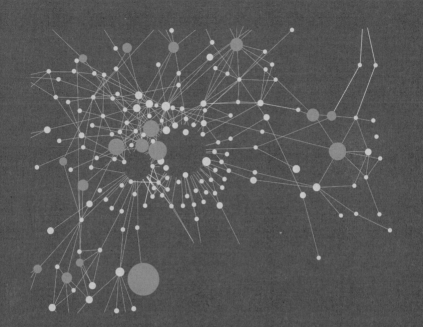

디지털 문화의 전파자 밈

Memes in Digital Culture

리모르 시프만Limor Shifman 지음

최은창 옮김

일러두기

◆ 이 책에서 memetics는 문화적 정보 전달의 방식을 의미하며 '밈학' 또는 '밈 연구'로 번역했다.

◆ '하이퍼미메틱(hypermemetics)'은 고도로 활발한 밈의 전파, 즉 '초밈학'으로서 디지털 환경에서 밈이 넓은 영역으로 신속하게 퍼져나가 디지털 표현과 비디지털 표현 속으로 침투하는 모습을 뜻한다. 인터넷 밈들이 범람하는 하이퍼미메틱 환경에서는 디지털 문해력을 갖춘 사용자들이 밈의 공유, 모방, 리믹싱 등 밈 반응을 유도하고 참여문화를 떠받치는 역할을 한다.

◆ 겉표지의 도형은 '강남스타일' 밈 비디오들이 트위터 네트워크에서 전파되는 모습을 루벤 커뮤니티 검출 알고리즘(Louvain community detection algorithm)으로 분석한 것이다. 원본 비디오가 인기를 얻어 가시성이 커지면 거기에서 파생되는 여러 밈 비디오들이 가지를 뻗고 다시 주목을 받게 된다(Lilian Weng et al., "Virality Prediction and Community Structure in Social Networks," *Scientific Reports*, Vol.3, No.2522 참고).

◆ 이 책에서 인터넷 밈의 형태는 '짤'뿐만이 아니라 유명한 뮤직비디오의 패러디, 특정한 춤동작 흉내 내기, 포토샵으로 이미지 변경하기, 기존 미디어 콘텐츠의 리메이크와 맥락 바꾸기, 립싱크를 이용한 립덥(lipdub), 잘못 들린 외국어 가사를 비디오 자막에 넣기, 영화 예고편 각색하기를 포함한다. 저자는 밈 개념의 풍부함을 강조하며 밈을 아이디어의 복합체이자 콘텐츠 아이템들의 집합체로 본다.

Memes in Digital Culture(Essential Knowledge Series)
by Limor Shifman

Copyright © 2014 by Massachusetts Institute of Technology

차례

옮긴이의 말

　밈은 인터넷이 등장하기 전부터 존재했지만, 인터넷 연결성이 크게 확대되면서 디지털 밈은 지리적 한계를 뛰어넘어 대중의 관점, 사회적 반응, 정치적 메시지의 수용, 집단행동에 영향을 미치기 시작했다. 하위문화 커뮤니티의 게시판과 소셜미디어 플랫폼을 관찰해 보면 밈을 통한 다양한 자기표현의 욕구가 드러난다. 싸이의 〈강남스타일〉뿐만 아니라 〈아기 상어Baby Shark〉 비디오도 선풍적 인기를 끌었다. 2016년에 유튜브에 업로드된 '아기상어 댄스Baby Shark Dance' 영어 비디오는 2022년 현재 조회수 100억 회를 넘어섰고 원본 댄스곡에서 파생된 밈 비디오들은 할로윈 버전, 스파이더맨 버전 등 수천 건에 이르고 있다.

　인터넷에서 인기를 끌던 밈meme은 창작물로서 대체불가토큰NFT으로 거래되고 암호화폐의 모델이 되었다. 밈을 이용한 온라인 마케팅은 MZ 세대들의 주목을 받고, 선거 캠페인에서 밈은 정치인들의 지지도를 끌어올리고 있다.

　인터넷 밈은 이미 일상적 커뮤니케이션의 일부가 되었지만 대중의 관심을 이끄는 밈의 힘과 메커니즘은 아직 충분히 밝혀지지 않았다. 이 책의 저자 리모르 시프만은 유튜브에 올라온 인기 있는 밈 비디오들이 지구촌 전체에 퍼져나가 누군가에 의해서 자유분방하게 변형되고 재창작되는 모습, 재기발랄한 상상력과 유머 감각을 드러내는 문화현상에 주목하고 있다. 시프만은 인터넷 밈들을 콘텐츠content, 형식form, 입장stance이라는 세 차원에서 분석한다. 이 책에서 저자가 관통하는 밈의 세계는 〈석세스 키드〉에서 중국의 '차오니마' 밈, '월가를 점령하라' 밈에 이르기까지 매우 풍부하고 드넓다. 커뮤니케이션 학자가 분석한 밈의 세계는 진화생물학적 관점이 설명하지 못한 공백을 메우고 있다. 1979년 리처드 도킨스Richard Dawkins가 내놓은 밈meme 개념과 1982년에 제시한 '확장된 표현형The Extended Phenotype'에 따르자면 모방의 단위로서 개인들이 설 자리는 없고 오직 유전자만이 중요하다. 그러나 리모르 시프만은 밈을 창작하고 재해석하고 변화무쌍하게 조작하고 맥락에 따라 다르게 사용하는 개인들의 문화적 존재감을 조명한다. 어떤 정해진 규칙 없이도 창의적으로 변형되는 밈들은 '활동적인 문화 생산자'의 존재를 보여준다. 사용자들은 서로 모르고 만난 적도 없지만 기존의 밈을 재해석하여 새롭게 조합하거나 변형하고, 자신만의 밈 창작을 통해 기발한 관점이나 신념을 드러내며, 웃음을 공유한다.

헨리 젠킨스Henry Jenkins는 밈 비디오와 이미지의 생산과 공유가 '디지털 컨버전스 문화'의 핵심이라고 말했다. 개인들은 손수 만든 비디오나 포토샵 이미지를 업로드하여 자신의 독특한 개성과 창의성을 드러내지만, 그 콘텐츠의 맥락은 널리 공유되는 밈 비디오와 이미지와 관련되어 있다. 인터넷 밈은 웃음거리, 일탈적 표현이나 하위문화에 그치지 않고 사람들이 자신의 느낌과 생각을 전달하고 표현하는 수단이자 역동적인 사회적·정치적 참여 방식이 되었다. 사용자들은 밈을 통해 부당한 정치적 현실을 유쾌하게 비틀고, 비판하고, 사회적 부조리를 조롱하면서 누군가의 공감을 얻기 원한다.

이미 리처드 도킨스, 수전 블랙모어Susan Blackmore의 견해가 국내에도 소개되어 있지만, 밈의 유전학 속성에 치우친 감이 있었다. 이 책의 저자 리모르 시프만은 진화유전학적 관점에서 벗어나 이미지 매크로, 밈 비디오 등 디지털 창작물의 창조적 변형과 전파 과정에 초점을 맞춘다. 이 책은 커뮤케이션학과 문화적 관점에서 인터넷 밈의 유형을 풍부하게 소개한다. 무엇이 밈을 공유하도록 동기를 부여하는지 탐색하고, 밈과 바이럴의 관계를 분석하며, 밈 확산에 영향을 주는 요소들을 설명한다.

밈의 속성을 누군가의 의도적 선동과 인위적인 메시지를 무비판적 답습 또는 맹목적인 집단 반응으로만 다루려는 관점들은 흔하게 발견된다. 그러나, 생물학적 비유만으로 인터넷 밈을 설명하는 관점들은 뚜렷한 한계를 드러낸다. 유전자가 살아남고자 많은 숙주를 지배하려 하는 메커니즘만 강조하는 접근은 밈의 문화적 다양성을 설명하기에는 턱없이 부족하다. 확산이라는 밈의 맹목성만 주목하면 누군가가 강력하고 전염력이 강한 밈을 만들어내기만 하면 나머지 전달자들은 수동적인 추종과 복제를 수행하는 무기력한 존재로 전락하고 만다. 그러나 매일같이 공유되고 변형되는 엄청나게 역동적이고 다양한 디지털 문화의 모습에서 숙주를 성공적으로 장악하고 길들인 유전자의 그림자를 찾기는 어렵다.

밈 문화를 유전자 일부가 확장된 표현형이자 유전자가 만들어낸 인공물이라고 설명하는 방식은 인터넷 사용자들의 개성과 창의성을 고려하지 않은 것이다. 다시 말해, 진화유전학적 관점은 '생존'과 '더 넓은 확산'을 위한 복제자replicators의 충성도를 당연시하기 때문에 밈을 재창작하고 변형하고, 전복적인 메시지를 던지는 자율적이고 독창적인 창작자creators로서의 개인들의 개입을 망각한다. 밈의 모방자는 물론 원본의 소재나 스타일을 답습하기는 하지만, 밈은 진화를 위해서만 인과적으로 작동하지 않는다. 개별 유기체로서의 개인들은 밈을 수용하거나 거부하거나, 변형할 수 있고 저마다 다른 가치와 문화적 감수성을 표현할 수 있다. 원본 콘텐츠의 맥락을 바꾸려는 이유도 각자 다르며, 모든 밈들이 유명세와 확산을 집요하게 추구하지도 않는다. 불완전한 아마추어의 솜씨에도 불구하고 자기만의 독특한 개성, 비판적 목소리, 조롱, 유머를 표현하는 밈들이 대부분이다. 인터넷 밈 문화는 원본 콘텐츠를 그대로 앵무새처럼 전달하거나 무비판적으로 복제하지 않고 다양한 맥락의 변형이 흔하며, 자신만의 가치와 메시지를 담는다. 그러므로 밈 현상을 생물학적 사실과 이론으로 해석하려는 환원주의적 접근은 '인터넷 밈의 하위문화'가 만들어낸 광활하고 드넓은 밀림 속에서 그 설득력을 잃고 만다.

최근에는 마케팅 목적으로 만든 밈 콘텐츠를 소셜 미디어를 통해서 퍼뜨리거나, 유명한 밈들을[예컨대, 〈재앙 소녀Disaster Girl〉, 〈냥캣Nyan Cat〉, 〈찰리가 내 손가락을 물었어요Charlie Bit My Finger〉] NFT로 등록하여 새로운 시장가치를 부여하는 흐름이 본격화되고 있다. 유명 밈을 NFT 경매로 내놓아 거래 대상으로 삼거나, 인터넷 밈을 둘러싼 저작권 분쟁이 증가하는 경향은 이제 밈이 디지털 세계의 장난질이나 문화적 현상cultural phenomenon에만 그치지 않고 문화적 재산권cultural property으로 변화하고 있음을 보여준다.

트위터 사용자라면 GIF를 클릭하면 다양한 감정을 표현하는 애니메이션 밈을 쉽게 선택할 수 있다. 이러한 밈의 자연스러운 사용과 늘어나는 친밀도는 '밈 경제'의 성장을 반영한다.

한편, 대중의 관심을 갈망하는 온라인 정치 캠페인에서 밈이 사용되는 사례들도 늘어나고 있다. 밈 캐릭터 개구리 '페페Pepe the Frog'는 어느 순간 정치적 상징물이 되었는데 그 맥락은 다양하다. 개구리 페페는 트럼프를 지지하는 알트라이트Alt-right의 상징으로 사용되었지만, 중국 정부에 맞서 민주화를 요구하는 홍콩 시위대의 깃발에도 등장했다. 요컨대, 사람들은 밈의 콘텐츠를 일부 모방하지만 저마다 다른 맥락과 상황 속에서 자신만의 입장과 메시지를 표현하기 위해 사용하고 있는 것이다.

이 책은 한울엠플러스(주) 편집부의 정성 어린 검수 과정을 통해 비로소 세상에 나오게 되었다. 프랑스 파리로 떠난 박하늘 양이 이 책의 초벌 번역에 커다란 도움을 주었다. 이 자리를 통해 고마움을 전하고 싶다.

이 책이 디지털 문화, 마케팅 커뮤니케이션, 바이럴 마케팅, 온라인 정치 홍보 전략 등에 관심을 가진 분들에게 도움이 되기를 바란다. 지하의 던전까지 달려와 부활의 깃털을 던져주었던 Soo를 기억하며 …….

2022년 6월
관악에서 최은창

MIT 지식 스펙트럼 시리즈 서문

MIT(매사추세츠 공과대학교) 지식 스펙트럼 시리즈는 최근의 관심 주제들에 대해 한 손으로 들고 다니기 쉽고 간결하고 아름답게 제작된 포켓 크기의 책자를 제공한다. 주도적인 사상가들이 저술한 이 시리즈는 문화와 역사를 비롯해 과학과 기술에 이르는 주제들에 대한 전문적인 개요를 전달한다.

오늘날과 같은 즉각적인 정보 만족 시대에는 개인적 견해, 합리화, 피상적 설명에 쉽게 접근할 수 있다. 그러나 세상에 대해 원론적 이해를 제공하는 기초 지식을 얻기는 무척 어렵다. 지식 스펙트럼 시리즈는 이러한 필요를 채워준다. 내용이 꽉 찬 단행본들은 비전문가들을 위해 전문적 주제를 종합하고, 중대한 화제들을 기본 지식과 맞물리게 함으로써 독자에게 복잡한 개념에 접근할 수 있는 기회를 제공한다.

매사추세츠 공과대학교 생물공학 및 컴퓨터공학 교수
브루스 티도어Bruce Tidor

한국의 독자들에게

디지털 밈digital memes을 다룬 이 책이 한국어로 출판된다는 소식에 기쁘고 영광스럽습니다.

디지털 밈은 '문화적 인공물cultural artifacts'로서 사용자들의 활발한 참여를 통해 웹에 연결된 많은 그룹들로 퍼져나갑니다. 이 과정에서 가장 놀라운 면은 밈이 세계화를 이룩한다는 점입니다. 오늘날 밈은 국경을 뛰어넘어 전례 없이 빠르게 다양한 글로벌 또는 지역적 정체성의 조합을 만들어내고 있습니다. 이 모습은 지구촌에 사는 수십억 명이 2012년 유튜브에 올라온 싸이PSY의 〈강남스타일〉을 보고서, 실행에 옮겼던 방식이었습니다. 한국어를 몰라도 싸이의 비디오에 담긴 유머, 엉뚱함, 스타일을 이해할 수 있었습니다. 저는 수많은 버전으로 만들어진 강남스타일 밈들에 매료되었는데, 〈강남스타일〉 비디오 원본에 사람들이 공감하는 방식들은 무척 다양했습니다. 전 세계로 퍼져나간 강남스타일 밈은 많은 흥미로운 질문들을 던졌습니다. 이를테면 '어떤 유형의 콘텐츠가 글로벌/지역적으로 확산되기에 적합한가?', '한국식 문화와 글로벌 문화가 밈을 통해 합체될 수 있었던 이유는 무엇일까?', '한국어 밈은 독일어 또는 일본어 밈과 어느 정도 다른 것일까?' 같은 질문들 말입니다. 이 책을 읽어보면 해답보다는 질문을 더 많이 품고 있음을 알게 될 것입니다. 그렇지만 미완결된 의문도 연구의 미학일 수 있겠지요?

이 책을 읽는 분들이 밈에 대해 관심을 기울이고, 밈이 사회문제와 연관성이 있음을 알게 되기를 바랍니다. 머지않은 미래에 한국 디지털 문화의 풍부함도 탐색할 수 있게 되기를 기대합니다.

리모르 시프만

감사의 말

지난 몇 년간 밈에 대한 내 집착을 인내해 준 동료들의 후원이 없었다면 이 책을 쓸 수 없었을 것이다. 소중한 논평을 제시해 준 얼래드 세제브, 폴 프로시, 벤 피터스, 니컬러스 존, 레오라 허대스에게 감사한다. 내가 아는 이들 중 가장 너그럽고 지적인 친구 머나헴 블런드하임에게 고마움을 전한다. 예루살렘 히브리 대학교 커뮤니케이션학과 교수가 될 수 있었던 것도 행운이다. 내 학문의 고향에서 친구들의 지혜와 친절함을 통해서 많은 도움을 얻었다. 앞서 언급한 분들 이외에도 통찰력 있는 관찰과 비판을 제공해 준 다른 동료들과 대학원생들, 엘리후 카츠, 조하르 캄프, 케렌 테넨보임, 와인블라트, 아사프 니센보임, 노엄 갈, 릴리언 복스만샤브타이에게 감사의 마음을 전한다. 예루살렘 포럼의 고넨 아코엔, 미할 하모, 아엘레트 콘, 하임 노이, 모티 네이제르는 밈에 대한 브레인스토밍을 나누어주었고 이슈에 대한 이해를 도왔다.

옥스퍼드 인터넷연구소에서 박사 후 연구원으로 일하면서 나는 인터넷 연구 분야의 '라이트헤비급' 선수의 삶을 시작했다. 옥스퍼드에서 만난 빌 듀턴과 스티븐 콜먼은 '인터넷 유머'를 연구하려는 내 계획을 듬뿍 응원해 주었다. 또한 마이크로소프트 연구소의 대너 보이드와 낸시 베임에게도 감사를 전한다. 그들의 꾸준한 후원은 소중하고 뜻깊었다. 이 책의 도입부, 2장, 3장, 4장, 6장은 「디지털 세계의 밈: 개념적으로 규정하기 어려운 밈과 디지털 세계화의 조화Memes in a Digital World: Reconciling with a Conceptual Troublemaker」라는 논문으로 2013년 ≪컴퓨터 매개 커뮤니케이션 저널Journal of Computer-Mediated Communication≫에 실렸고, 「유튜브 밈의 해부An Anatomy of a YouTube Meme」라는 논문으로 2012년 ≪뉴미디어와 사회New Media & Society≫에 게재되었다. 이 논문들을 다시 사용할 수 있게 허락해 준 저널 편집장들과 출판인들에 감사드린다.

이 책을 쓰기 전부터 내 연구 프로젝트를 아낌없이 지원해 준 MIT 출판부의 마기 에이버리와 세심하게 편집해 준 주디스 펠드먼에게 감사를 전한다. 사려 깊고, 건설적이며 지혜로운 비판을 제공한 익명의 논평가들에게도 감사를 드린다. 마지막으로 나의 부모님 닐리와 토미 쇼언펠드, 남편 사기브, 아이들 네타와 유발에게 고마움을 전한다. 이 고마운 마음은 어떤 밈으로도 표현할 수 없다.

리모르 시프만

용어 해설

인터넷 밈(Internet meme)

① 디지털 콘텐츠 단위의 집단이다. 인터넷 밈의 특성은 콘텐츠(content), 형식(form), 그리고/또는 입장(stance)을 공유한다는 것이다. 예컨대 사용자가 익살스러운 고양이 사진에 캡션을 추가로 적어 넣는다면 콘텐츠(고양이), 형식(사진 + 캡션), 입장 (유머)이 공유되면서 퍼져나가게 된다.

② 인터넷 밈은 사람들 상호 간의 인식에 의해 창조된다. 누군가가 '캡션이 있는 고양이' 이미지를 포스팅하려면 기존의 고양이 사진들이 필요하다.

③ 인터넷 밈은 인터넷을 거쳐 많은 사용자에 의해 유포, 모방, 그리고/또는 변형된다. 인터넷 밈은 많은 참여자들이 만드는 창조적 표현 방식이다. 참여자들의 문화적·정치적 정체성은 인터넷 밈을 통해 소통되고 결정된다.

밈(Meme)

생물학자 리처드 도킨스(Richard Dawkins)가 1976년에 저서 『이기적 유전자(The Selfish Gene)』에서 제시한 용어이다. 도킨스는 밈을 전달되는 작은 문화적 단위들로 정의했다. 밈은 유전자(genes)처럼 이 사람에서 저 사람에게로 전달되며, 모방되거나 복제된다. 도킨스에 따르면 멜로디, 캐치프레이즈(catchphrase), 의상 패션, 추상적 신념 등이 밈의 사례들이다. 밈은 변형, 경쟁, 선택, 유지의 과정을 겪는 자기 복제자(replicators)이다. 많은 밈들은 숙주의 관심을 얻기 위해 언제나 경쟁을 한다. 오직 숙주의 사회문화적 환경에 적합한 밈들만이 성공적으로 확산되고, 나머지 밈들은 절멸하게 된다.

바이럴리티(Virality)

어떤 메시지(예컨대, 이목을 끄는 문구, 비디오 또는 이미지)가 디지털, 소셜 미디어 플랫폼을 거쳐 여러 사람에게 확산되는 과정을 말한다. 이 과정은 엄청난 속도('바이럴' 메시지에 노출되는 사람의 수는 짧은 시간에 극적으로 증가한다), 그리고 광범위한 도달(다중적 네트워크를 통한 달성)로 특징지어진다. 전파되는 메시지는 종종 '바이럴 콘텐츠(viral content)'로 정의된다(예: 바이럴 비디오). 바이럴 콘텐츠가 '리믹스(remix)' 또는 '모방하기' 등을 통해 파생물들을 창작하도록 유도한다면 밈(memetic)으로 볼 수 있다.

포토샵(Photoshop)

포토샵은 어도비(Adobe)에서 개발한 그래픽 편집 소프트웨어이다. 사진 등의 이미지를 수정하고 글자를 넣는 등 여러 가지 효과를 주는 데 쓰인다. 또는 사진 보정/편집 작업 자체를 일컫는 말로 쓰인다.

유명한 밈 허브들

포챈(4chan) http://4chan.com
포챈은 이미지 게시판으로 구성된 웹사이트로서 사용자들이 시각적 이미지를 업로드하고 토론을 벌인다. 포챈은 다양한 채널들과 게시판으로 나뉘는데, 저마다 특정한 콘텐츠와 가이드라인을 유지한다. 가장 유명한 포챈 게시판은 "랜덤(random)"('/b/'로 알려져 있다)인데 거칠고, 공격적이고, 때로는 무례한 스타일과 콘텐츠로 악명이 높다. 밈들은 많은 토론에서 필수적 요소로 기능하여 포챈의 중요한 특성을 구성한다. 포챈은 해커 집단 어나니머스(Anonymous)가 활동하는 주요한 허브이다.

텀블러(Tumblr) http://www.tumblr.com
마이크로 블로깅 플랫폼으로서 사용자들이 텀블로그(tumblog)로 불리는 공간에 짧은 포스팅을 작성한다. 텀블러는 소셜 네트워킹 사이트로도 기능하며 텀블러 사용자를 뜻하는 텀블러스(tumblrs)는 서로 '팔로(follow)'를 한다. 텀블러에 올라오는 포스팅들 대부분은 이미지이다. 그 가운데 상당한 분량은 밈으로 정의될 수 있다.

레딧(Reddit) http://www.reddit.com
소셜 뉴스 웹사이트로서 사용자들이 업로드하는 뉴스 링크들로 구성된다. 콘텐츠 집합(content aggregation) 형태의 사이트라고 할 수 있다. 레딧 커뮤니티의 구성원에 해당하는 레디터(redditor)들은 투표를 통해 페이지의 상단이나 하단 어디에 배치할지 순서를 정한다. 레딧 커뮤니티를 구성하는 게시판을 의미하는 서브레딧(subreddit)은 누구나 만들 수 있다. 서브레딧 게시판에는 제약이 거의 없기 때문에 다양한 관심사와 테마들을 다룬 포스팅이 업로드된다. 레딧은 '좌익(lefty)' 또는 '괴짜(geeky)'로 불리는 사용자들이 활동하는 허브로 알려져 있다.

디시인사이드(DCinsde) http://www.dcinside.com
디지털 카메라와 전자기기에 대한 후기를 올리고 정보를 공유하는 웹사이트로 출발했으나, 사용자들이 크게 늘어나고 게시판(갤러리)의 영향력이 커지면서 국내의 인터넷 하위문화를 대표하는 유명 커뮤니티로 자리 잡았다. 이미지 파일, 포토샵으로 수정한 사진, GIF 파일 등의 '짤방'·'움짤'과 사용자 제작 비디오, 인터넷 신조어, 은어, 유머 자료 등이 올라온다.

1

밈에 대한 소개

2012년 12월 21일, 어떤 비디오 하나가 유튜브에 올라왔다. 이 비디오는 그때까지 역사상 모든 시청 기록을 갈아치웠다. 한국 가수 싸이의 〈강남스타일〉은 조회수 10억 회를 처음으로 뛰어넘은 비디오 클립이다. 그러나 이런 열광은 순전히 그 비디오의 인기 때문만은 아니었다. 사람들은 단지 비디오를 보는 데 그치지 않고 창의적으로 반응했다. 인도네시아, 스페인, 러시아, 이스라엘, 미국, 사우디아라비아 등 멀리 떨어진 곳에 사는 인터넷 사용자들은 서울의 호화로운 강남을 다른 장소로 바꾸어 〈밋 롬니Mitt Romney 스타일〉, 〈싱가포르 스타일〉, 〈아랍 스타일〉 등을 만들었고, 원본 비디오의 말 타는 동작을 따라 했다. 처음에는 이 같은 불가사의한 현상을 이해하기 어려웠다. 어떻게 문화의 한 조각이 이토록 세계적으로 성공할 수 있었을까? 어째서 수많은 사람들이 싸이 비디오의 말춤을 따라 하려고 그토록 노력을 하는 것일까? 그 비디오를 따라 했던 아마추어 모방작들은 어떻게 많은 시청자를 사로잡았던 것일까? 이 질문들에 대한 대답을 찾기 위해 이 책은 인터넷에서 발생하는 다른 비슷한 현상들과 함께 〈강남스타일〉을 **인터넷 밈**Internet meme으로서 분석해 보려 한다.

1976년 리처드 도킨스는 복제copying나 모방imitation을 통해 사람들 사이로 퍼져나가는 작다란 문화적 단위들을 설명하고자 '밈meme'이라는 용어를 창조했다. 그러나 그 이후에도 밈 개념은 여전히 학술적 논쟁에서 조롱의 대상이었고, 노골적으로 토론을 거부당했다.

이렇게 무시받던 밈 개념은 최근 인터넷 사용자들 덕분에 다시 학문적 관심을 받게 되었다. 네티즌끼리 쓰는 용어 '인터넷 밈'은 농담, 루머, 비디오, 웹사이트 등이 어떤 사람에게서 다른 사람들에게로 퍼져나가 인터넷 아이템들을 증식시키는 현상을 뜻한다. 수많은 〈강남스타일〉 패러디 사례들이 보여주듯이 인터넷 밈의 주요한 특성은 패러디, 리믹스, 매시업mashups을 활용하여 사용자 제작 파생물user-created derivatives의 생산을 자극한다. '브리트니를 내버려 둬!Leave Britney Alone!', '스타워즈 키드Star Wars Kid', '히틀러의 몰락 패러디Hitler's Downfall Parodies', '냥캣Nyan Cat' 비디오, 포토샵으로 합성한 이미지 '종합상황실Situation Room'은 드넓은 밈의 세계에서 유명세를 얻은 인터넷 밈의 사례들이다.

인터넷 밈의 또 다른 근본적 속성은 상호텍스트성intertextuality(선행 텍스트의 소재를 차용·모방·변형하거나 다른 텍스트를 참조하여 인식하는 등 의미론적 상관관계를 의미한다 _옮긴이)이다. 사용자들은 기존 콘텐츠의 소재나 맥락을 흡수해 차용하고 변형한다. 그러므로 밈들은 복잡하고, 창의적이며 놀라운 방법으로 종종 서로 연결된다. 〈그림 1〉은 〈강남스타일〉과 '여자들로 가득한 바인더'를 합성한 결과물이다. 2012년 미국 공화당

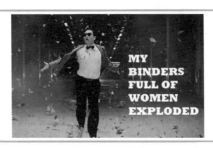

〈강남스타일〉이 '여성들로 가득한 바인더'를 만났을 때
출처: http://bindersfullofwomen.tumblr.com

의 대선 후보 밋 롬니Mitt Romney는 대통령 선거 토론 과정에서
"서류 바인더가 여성들의 프로필로 가득해서 터져나갈 지경
이었죠"라고 말했다. 그가 매사추세츠 주지사로 있을 때 고위
직에 지원하는 여성 구직자들의 지원서들이 어디 있느냐고 묻
자 비서진이 지원서가 담긴 바인더를 통째로 그에게 가져다주
었다. 그 순간을 설명하다가 흘러나온 롬니의 말에 반응한 인
터넷 밈이 널리 퍼져나갔다.

「강남스타일」을 부른 특이한 한국 가수와 부유한 미국 대
선 후보의 '여성들로 가득한 바인더' 발언은 무척이나 동떨어
져 보였지만, 밈 창작자들은 두 요소를 멋지게 연결했다. '여
성들로 가득한 바인더'는 밈의 상호텍스트성intertextuality을 두
드러지게 보여주는 사례일 뿐만 아니라, 상향식 표현의 새로
운 영역이 뜻밖에도 팝컬처pop-culture, 정치, 참여 행위와 혼합

될 수 있음을 보여주었다.

이 책은 밈에 회의적인 학계와 열정적인 밈에 대한 대중적 담론 간의 커다란 간극을 좁히기 위한 첫걸음이다. 인터넷 사용자들이 무언가를 만들고 있다면, 연구자들은 그 흐름을 따라가야만 한다. 그들은 밈 개념이 현대 디지털 문화의 가장 근본적 측면의 일부를 함축하고 있음을 이미 감지한 것으로 보인다. 웹 2.0 애플리케이션처럼 밈은 한 사람에서 다른 사람으로 확산되면서 일반적인 사회적 사고방식을 형성하고 반영한다. 밈이라는 용어는 복제하고 모방하는 방식으로 실행되는 문화적 재생산을 뜻한다.

밈의 실행은 이제 디지털 문화에서 필수 요소로 자리 잡았다. 이런 환경에서 사용자들에 의한 모방과 리믹싱은 널리 퍼져나가는 유행이자 '참여문화'를 떠받치는 기둥으로서 높은 가치를 지닌다. 우리는 지금 하이퍼미메틱hypermemetics 시대를 지나고 있는 중이다.

이 시대에는 거의 대부분의 주요한 공적 사건들이 많은 밈들의 연속적 흐름을 움트게 할 수 있다. 이런 면에서 보자면 인터넷 밈은 포레스트 검프Forrest Gump를 닮았다. 표면적으로는 밈들이 그저 팝컬처의 사소한 파편들에 불과하지만 깊숙이 들여다보면 인터넷 밈은 21세기에 발생한 사건들을 설명하는 데 필수적인 역할을 한다.

이 책은 디지털 문화를 이해하기 위한 두 가지 전제를 통해 밈의 유용성을 살펴보고자 한다. 첫째, 밈의 특징을 둘러싸고 관점이 대립될 수 있지만, 격한 감정표현이나 과장된 서술은 피해야 할 것이다. 열정적인 옹호자들은 밈 개념이 모든 것을 설명한다고 설득하지만, 그 반대자들은 밈 개념으로는 아무 것도 설명하거나 변화시킬 수 없다고 주장한다. 그러므로 밈 이라는 '용어'가 과연 유용한지에 대한 질문은 유용할 것으로 생각된다.

이 책이 밈을 둘러싼 대립적 시각을 해결하고 밈 개념이 **어떠한 측면**에서 유용한 것인가 생각할 때 도움이 되기를 빈다. 이 책의 학문적 관점은 밈의 의미를 전면적으로 수용하기보다는 밈을 현대문화의 양상을 이해하는 프리즘으로만 활용했던 미셸 노블Michele Knobel, 콜린 랭크시어Colin Lankshear, 랜스 베넷 Lance Bennett, 라이언 밀너Ryan Milner, 진 버지스Jean Burgess의 발자취를 따랐다.

두 번째 전제는 밈을 커뮤니케이션의 관점에서 접근해야만 한다는 것이다. 생물학자 리처드 도킨스에 의해 탄생된 '밈'이 라는 용어는 심리학·철학·인류학·민속학·언어학 등 많은 학문적 영역에서 수용되고 논쟁이 제기되었지만, 커뮤니케이션학에서는 철저히 무시되었다. 오늘날까지도 여전히 매스커뮤니케이션 분야의 전문가들은 밈을 중요시하지 않는다. 이를테면 밈은 개인들 사이의 접촉을 통해 **점진적으로** 전파되는 구성단위로서, 어떤 하나의 원천으로부터 대중에게 동시에 전파되는 매스미디어 콘텐츠와 관련이 없다고 여겨졌다.

그러나 현재는 개인과 대중, 전문가와 비전문가, 세부적 의사소통과 일반적 의사소통의 경계가 희미해져 버렸기 때문에 종래의 관점은 의미를 갖기 어려워졌다. 미디어 플랫폼들이 융합되면서, 콘텐츠는 하나의 매체에서 다른 매체로 재빠르게 이동한다. 그 결과 밈은 그 어느 때보다도 커뮤니케이션학과 더 긴밀한 관련성을 가지게 되었다.

밈과 디지털 문화는 천생연분 같아 보이지만, 밈 개념이 학계와 산업계에 더 의미 있게 융화되려면 먼저 해결해야 할 사안이 몇 가지 있다.

먼저 밈의 개념이 불확정적이다. 밈이 정확하게 무엇을 의미하는지에 대해 합의된 정의는 없다. 둘째, '바이럴viral' 등 밈을 대체할 수 있는 단어들이나 개념들은 많다. 셋째, 인터넷 밈이 창작되고 확산되는 실행 방식과 정치학을 실제로 분석한 연구는 소수에 불과하다.

이 책의 구성은 먼저 '밈' 개념에 대한 역사를 살펴보고(2장), 밈 개념과 관련된 논란들과 디지털 시대의 밈의 발흥을 추적한다(3장). 그다음 인터넷 밈의 새로운 정의를 제시한다(4장). 밈을 성공적으로 전파된 '단일한 문화적 단위'로 정의하지 않고, ① 콘텐츠, 형식, 그리고/또는 입장이라는 **공통적 특징들을 공유하는 디지털 아이템들의 집합**이자, ② **타인에 대한 인식**과 함께 탄생한, ③ **많은 인터넷 사용자들에 의해** 유포되고 모방되며 변형되는 '인터넷 밈' 개념을 제시하고자 한다.

　밈을 이렇게 정의한다면, 인터넷 밈들을 '**사회적으로 구축된 공적 담론들**'(밈으로부터 파생된 다른 밈들은 다양한 목소리와 관점들을 대변한다)로 여기고 분석하기에 유용하다. 5장은 '인터넷 밈'과 '바이럴'을 구분할 것이다. 많은 사람들이 두 개념을 혼용하고 있지만, 두 개념의 차이를 살펴보면, 다소 혼란스럽게 느껴지는 사용자 제작 콘텐츠의 세계에서 무슨 일이 벌어지고 있는지를 잘 이해할 수 있다. 6장에서는 인터넷 밈과 바이럴의 차이에 대한 설명을 다룬다. 바이럴과 인터넷 밈을 히트작으로 만드는 성공 요소들과 특징들을 비교할 것이다. 이 책은 인기 있는 밈의 장르들(7장), 민주적·비민주적 맥락에서 밈이 수행하는 정치적 역할의 분석(8장), 세계화의 전사로서의 밈(9장) 등에서 바이럴보다 인터넷 밈을 중점적으로 다룬다.

　이 책은 인터넷 밈 연구의 입문서로서 집필되었다(그렇게 읽히길 바란다). 이런 목적에 따라서 밈의 핵심적인 정의들, 관련된 논쟁들, 선행연구의 궤적들을 소개하고 있다. 그러나 이 책에 언급된 모든 밈들에 대한 심층적 맥락 분석까지 제공하지는 않는다.

2

개념화하기 어려운
밈의 역사

'밈' 개념은 1976년 생물학자 리처드 도킨스가 저술한 『이기적 유전자 The Selfish Gene』에서 처음 소개되었다. 도킨스는 '진화이론'으로 '문화적 변동'을 설명하려는 거대한 활동의 일부로서, 밈을 복제나 모방을 통해 이 사람에게서 저 사람에게로 전파되는 작은 문화적 구성단위라고 정의했다. 그는 밈의 전파과정이 유전자와 유사하다고 보았다. 도킨스는 멜로디, 캐치프레이즈, 의상 패션 등을 사례로 들었다. 또한 추상적 밈[이를테면 '신(神)'의 개념]을 소재로 하는 문화적 인공물까지 밈의 형태에 포함시켰다. 그에 따르면 밈은 유전자와 유사하며 변형, 경쟁, 선택, 유지의 과정을 겪는 복제자로 정의된다. 언제나 많은 밈들은 숙주들hosts의 관심을 끌기 위해 치열하게 경쟁한다. 오직 사회문화적 환경에 적합한 밈들만 성공적으로 널리 전파되고, 다른 밈들은 절멸하게 된다.

한편, 도킨스는 자연선택에 의해서 상호 적응이 가능한 밈들이 협력하면서 함께 복제되는 성향이 있다는 점에 주목했다. 상호 적응이 가능한 밈들의 집합들은 서로의 특성을 강화하며 복제하는 과정을 거친다. 도킨스는 이런 현상을 "상호적응적 밈들의 복잡체coadapted meme complexes"라고 정의했고, 그 이후 한스시스 스필Hans-Cees Speel은 '밈플렉스memeplexes'로 더 짧게 줄였다.[1] 밈플렉스는 다수의 하위 밈플렉스들로 구성되어 있다. 예컨대, '민주주의'는 일종의 밈플렉스로서 인권과

정기적 자유선거를 소재로 삼은 하위 밈플렉스들을 거느린다. 인권과 정기적 자유선거 밈들은 다시 각자의 밈으로 세부적으로 분류된다.

'밈meme'은 '모방된 어떤 것'을 뜻하는 그리스어 단어 '미메마mimema'에서 유래했다. 그런데 도킨스가 '진gene'과 운율을 이루도록 밈이라고 짧게 줄였다. 흥미롭게도 문화적 진화를 뜻하는 유사한 용어는 1세기 전에도 존재했다. 1870년 오스트리아 사회학자 에발트 헤링Ewald Hering은 '기억'을 뜻하는 그리스어 므네메mneme에 착안해 '디 므네메die Mneme'라는 용어를 창조했다. 1904년에 독일의 생물학자 리하르트 제몬Richard Semon은 이 단어를 자신이 지은 책의 제목으로 사용했다. 도킨스는 이미 전문용어가 있음을 깨닫지 못하고 밈이라는 이름을 붙였지만, 자신이 만든 어떤 표현이 우연히 널리 모방될 수 있음을 증명한 셈이다. 도킨스의 밈 개념은 성공적으로 살아남았고 과학계에서 널리 확산되었다.[2]

밈 개념은 그 후 십여 년 동안 산발적으로 발전했다. 프랜시스 헤일리언Francis Heylighen과 클라스 키엘렌스Klaas Chielens[3]가 수행한 밈 연구를 살펴보면 밈은 "밈의 복제, 전파, 진화 등을 연구하는 이론적·실증적 과학"으로 정의되었다. 1990년대가 되면서 다양한 분야의 과학자들이 참여했고 밈 연구는 연구 분야로서 틀을 갖추기 시작한다. 밈 연구가 활발히 진행되는 과정에서 저명한 철학자 더글러스 호프스태터Douglas Hofstadter 와 대니얼 데닛Daniel C. Dennett의 연구가 기여했다는 점을 주목할 필요가 있다. 1997년에는 ≪밈학 저널Journal of Memetics≫이 창간되어 2005년까지 간행되었다. 밈을 주제로 삼은 서적들도 출판되었다. 그 가운데 1999년에 출판된 수전 블랙모어Susan Blackmore의 『밈 머신The Meme Machine』은 가장 큰 논란의 대상으로 떠올랐다.

밈 연구는 초창기부터 학문적 공방을 줄기차게 이끌어냈다. 밈을 둘러싼 두 가지 학문적 논쟁은 '생물학적 비유biological analogies'와 '누가 밈을 주도하는가who's the boss'로 요약된다. 이 논쟁은 이 책이 초점을 맞추는 주제와 특히 관련된다. 이런 '생물학적 비유' 논쟁은 밈을 '바이러스'와 '유전자'에 비유하여 관념화하려는 강한 경향성과 관련된다.

첫째, '밈-바이러스' 비유는 밈과 질병 매개체 사이의 유사성에 주목한다. 이 관점은 **전염병학**을 모형으로 삼아, 밈을 재채기처럼 전염되는 독감 균flu bacilli으로 여긴다. 이런 비유는 인터넷 문화에서 바이럴 콘텐츠들이 생겨나는 원인을 분석한 담론에서 쉽게 찾아볼 수 있다. 그러나 헨리 젠킨스는 생물학적 비유에 내포된 문제점을 적절히 지적하고 나섰다. 밈을 병원균에 비유하는 설명 방식은 인간들을 무기력하고 수동적 존재로 여기게 하며, 무의미한 미디어를 그저 '과자'처럼 집어 먹

으면서 미디어에 지배당하고 쉽게 정신이 감염되는 취약한 생물체로 개념화한다고 비판한 것이다.[4]

두 번째 생물학적 비유는 진화유전학을 주된 모형으로 삼아 밈을 설명했던 도킨스의 연구에서 직접적으로 유래했다. 그러나 도킨스의 비유가 지나쳐서 **진화유전학**에서 사용하는 개념에 상응하는 문화적 밈 개념을 찾으려 했다는 비판도 나왔다. 도킨스가 유전자형, 표현형, 표기, 코드 등 진화유전학적 원리에서 나오는 모든 개념을 동원했던 점도 비판을 받았다. 그 이유는 밈이 유전자와는 크게 다를 뿐만 아니라, 문화를 생물학의 범주로 좁혀 복잡한 인간 행태의 범위를 극단적으로 단순화했기 때문이다. 그러므로 현재 널리 확산되어 있는 '밈-유전자' 비유를 수용할 때는 마치 소금에서 모래를 골라내듯이 어느 정도는 걸러서 이해할 필요가 있다. 밈 분석을 위해 굳이 생물학까지 고려할 필요는 없다. 복제, 적응, 환경에 자신을 맞추는 밈의 최적화는 순전히 사회학적 관점만으로도 분석이 가능하기 때문이다.

초창기 밈 연구에서 등장했던 또 다른 근본적 논쟁은 '누가 밈을 주도하는가'다. 이 논쟁은 밈이 퍼져나가는 과정에서 인간 주체가 수행하는 역할과 연결되어 있다. 밈의 전파에서 인간은 과연 어떤 역할을 하는지 보여주는 스펙트럼의 한쪽 끝에 인간의 역할을 수동적으로만 한정하는 관점이 자리한다. 수전 블랙모어가 저술한 책 『밈 머신』은 인간이란 단지 밈이 숙주로 삼고 지속적으로 확산하기 위해 필요한 장치devices일 뿐이라는 주장을 담고 있다.

반면, 나는 밈의 전파에서 인간의 주체적 활동이 경시되었던 이유는 밈 개념 자체 때문이 아니고 인간 주체성을 인정하기에는 해석의 부담이 컸기 때문이라고 생각한다. 밈 연구 분야에서 생산된 기존 관점들과 밈에 대한 내 주장은 분명히 대립적 위치에 놓여 있다. 인간을 문화전파의 매개체vectors가 아닌 **행위자**actor로 다루어야 한다는 로사리아 콘테Rosaria Conte의 제안은 이 책에 중요한 영향을 미쳤다.[5] 그녀는 밈의 전파과정은 의사결정권을 갖춘 '의도적인 매개체들vectors'을 기반으로 이루어진다고 말했다. 여기에서 의사결정권에 영향을 미치는 요소들은 '사회적 규범', '인식', '선호도'이다. 3장에서는 사람들을 능동적인 행위자들active agents로 이해하는 것이 필수적임을 자세히 설명하겠다. 그래야만 특히 인터넷 밈이 확산되는 과정에서 그 의미가 극적으로 변경되는 경우를 이해할 수 있다.

학계에서 밈 개념을 둘러싸고 광범위한 논쟁이 오가는 동안에도, 밈 개념은 인터넷 사용자들에 의해 열정적으로 사용되었다. 구글 트렌드를 살펴보면 2011년 이후 밈에 대한 관심이 급격히 늘었음을 알 수 있다. 검색어 '인터넷 밈'은 최근에

(2022년 현재 그 수치는 약 26억 6000만 건으로 증가했다 _옮긴이) 구글 검색엔진에서 190만 건이 검색되었다. 검색 결과로 찾아낸 많은 링크들을 클릭해 보면 방대한 상호작용형 인터넷 밈 보관소들로 연결된다. 예컨대 유명 웹사이트 '너의 밈을 알라(http://knowyourmeme.com)'에 접속하면 '인터넷 과학자 레지던트들'이 흰색 가운을 입고 등장하여 밈이 어떻게 성공을 거두는지에 대해 다양한 설명을 제공한다. 포챈, 레딧, 텀블러 등 다른 유명한 '밈 허브들meme hubs'에는 인터넷 밈들이 매일같이 새롭게 업로드되고, 절충되는 흐름이 관찰된다. 미셸 노블과 콜린 랭크시어의 설명에 의하면 인터넷 사용자들은 "문자화된 텍스트, 이미지, 언어의 '변용move' 또는 어떤 문화적 소재stuff로 표현되는 특정한 아이디어"의 재빠른 수용과 확산을 묘사하기 위해서 밈이라는 용어를 사용한다.[6] 인터넷 사용자들이 사용하는 토착어로서 밈 용어와 밈학 연구자들이 사용하는 밈 용어는 완전히 다르다. 전자는 최근에 나타난 짧게 유행하는 밈들을 의미하는 경향이 있지만, 후자는 밈의 수명을 '진지한' 밈학의 핵심적인 열쇠로 여긴다. 그 이유는 장기간 살아남는 밈들이 성공적인 밈이라고 정의하기 때문이다.

인터넷 사용자들과 학자들이 밈을 대하는 차이점은 더 있다. 밈학에서는 밈의 분석단위unit가 추상적이고 논쟁적이지만, 인터넷 사용자들은 관찰 가능한 시청각 콘텐츠(예컨대, 유튜브 비디오들과 익살스러운 이미지들)를 밈의 특성으로 인정하려는 경향을 보인다. 그런데 인터넷 사용자들에게 '인기 있는' 밈과 학계의 '진정한' 밈 사이의 간극은 좁혀질 수 있다. 그 이유는 밈들이 하찮고 평범한 '인공물'로 보이지만, 실제로는 사회적·문화적 구조를 심도 깊게 반영하기 때문이다. 그러므로 이런 점들을 고려하면 인터넷 밈은 규범과 가치의 공감대가 공유되는 포스트모던 민속학folklore으로 다루어질 수 있다.[7]

인터넷 밈 참여자들이 공유하는 규범과 가치는 문화적 인공물들(포토샵으로 수정된 이미지들 또는 비디오게임 〈어번 레전드 Urban Legends〉 등)을 통해 구축된다. 젠더 차별을 반박하는 포스트페미니스트의 생각이 어떻게 인터넷 농담을 통해 전 세계로 퍼져나갔고, 인종적 고정관념에 대한 비판이 어떻게 시각적 밈에 반영되었던 것일까? 그 사례들과 설명은 8장에 등장한다. 하나의 밈은 섬광처럼 빠르게 흥망성쇠를 거치지만, 그 과정에서 다른 **많은** 인터넷 밈들과 공유되는 공통의 아이디어 및 형태를 드러낸다. 그렇기 때문에 우리는 밈을 통해 디지털 문화의 모습을 파악할 수 있는 것이다.

예를 들면 립싱크와 오디오 더빙을 거쳐 만들어진 립덥 lipdub 장르의 뮤직비디오 〈누마누마Numa Numa〉에는 뉴저지에 사는 한 남자가 등장한다. 그가 만든 〈누마누마〉는 립덥 장르로 분류되는 수천 개의 유사한 비디오가 지닌 경향성의 일부

를 보여준다. 7장에서는 이 점을 다룬다. 립덥 장르의 사례는
현대사회의 하향식 팝컬처와 상향식 민속문화folk culture 간의
차이를 좁히는 다양한 시각을 제공한다. 3장에서는 밈 개념이
문화적 흐름을 이해하는 데 유용할 뿐만 아니라, 웹 2.0 시대
의 정수를 전형적으로 보여주는 핵심적인 요소라는 점을 설명
하겠다.

3

밈이 디지털과 만날 때

디지털 커뮤니케이션에 의해서 밈이 정의되는 시대에 밈에 대한 생기 넘치는 담론들이 증가하는 모습은 우연은 아니다. '밈' 개념은 디지털 시대가 도래하기 전에 만들어졌지만, 밈이 어디에서나 자주 눈에 띄고 흔해질 정도로 확산된 것은 인터넷의 특별한 기능들 때문이었다. 도킨스의 저서 『이기적 유전자』에 따르면, 성공적으로 확산되었던 밈들은 **오래 살아남았고** longevity, **많이 복제되었고**fecundity, **복제 정확도**copy fidelity가 높았다는 공통적 요소들이 발견되었다. 그런데 인터넷은 밈의 세 가지 특징들의 수준을 크게 높여놓았다. 디지털화는 어떠한 손실도 없이 정보 전달을 수행하는 환경을 제공하므로 온라인을 통한 밈의 확산은 미디어를 통한 다른 커뮤니케이션과 비교하면 복제 정확도가 높다. 매 시간 생산되는 모방의 횟수를 뜻하는 '다산성'도 급증했다. 인터넷은 많은 노드nodes를 거쳐 메시지를 신속하게 확산할 수 있는 구조이기 때문이다. 밈이 전파하는 정보는 디지털 보관소에 저장되기 때문에 '수명'도 잠재적으로 증가한다.[1]

디지털 밈의 확산에서 관찰되는 규모, 범위, 정확도는 밈과 인터넷이 얼마나 잘 조화를 이루는지 보여주는 빙산의 일각일 뿐이다. 밈이 인터넷과 참여적 문화 및 '웹 2.0 문화'의 **가장 근본적 성질을 압축해 보여주는 최고의 개념**이라는 사실을 인터넷 사용자들은 이미 잘 이해하고 있는 듯하다. 그러나 1976년에

『이기적 유전자』를 집필하면서 생물학적 비유에 집중했던 리처드 도킨스는 인터넷 밈을 상상조차 하지 못했다. 현재 디지털 문화의 분석과 관련된 밈의 속성은 세 가지로 정리할 수 있다. ① 개인에서 사회로의 점진적 확산, ② 복제와 모방을 통한 재생산, ③ 경쟁과 선택을 통한 확산이다.

첫째, 밈들은 **문화적 정보**의 조각들로 이해하는 편이 아마 최선일 것이다. **밈들은 한 개인으로부터 다른 개인들에게 전달되지만, 그 규모는 점점 커져서 '공유된 사회현상**shared social phenomenon'이 된다. 비록 밈들은 극히 작은 단위로 확산되지만, 그 파급력은 대규모 수준이다. 개인들의 사고방식, 행태 양식을 형성하고, 사회집단들의 행동에 중요한 영향을 미친다. 이런 밈의 특성들은 웹 2.0 시대의 문화가 형성된 방식(사용자 제작 콘텐츠를 만들고 교환하는 플랫폼의 특징)과 깊이 결부되어 있다. 유튜브, 트위터, 페이스북, 위키피디아, 애플리케이션, 인터넷 사이트들은 콘텐츠의 증식을 기반으로 운영된다. 에이브러햄 링컨식 표현으로 말하면 '사용자의, 사용자에 의한, 사용자를 위한 콘텐츠의 증식'이다. 유튜브, 트위터, 페이스북 등은 밈이 확산되는 '급행 경로들express paths'이다. 개인들이 소셜 네트워크를 통해 콘텐츠를 퍼뜨리면 불과 몇 시간 내에 대규모로 확산될 수 있다.

이제는 밈을 확산시키는 활동에 대한 요청이 쇄도하고 있으며, 밈의 전파는 높은 가치로 평가된다. 이처럼 평가가 달라진 원인은 무엇일까? 니컬러스 존Nicholas John의 분석에 따르면 이는 바로 웹 2.0을 이루는 활동, 즉 '**공유하기**sharing'와 관련되어 있다. 역사적 분석에 의하면 2007년 이후 사진 업로드하기, 페이스북 상태 업데이트, 트위팅하기, 아마존에 책 리뷰 쓰기를 표현할 때 '공유'는 대단히 중요한 용어가 되었다. 공유는 단순한 유행어가 아니고 '공유경제', 친밀한 관계의 '감정 공유' 등 핵심적인 문화적 논리로 발전했다. 디지털이 도래하기 이전의 '공유'가 지닌 두 가지 의미('배포를 위한 공유하기'와 '커뮤니케이션을 위한 공유하기')는 지금 새로운 디지털 시대에 와서는 하나로 수렴되었다. 페이스북에 재미있는 비디오 영상을 올리는 나는 문화적 아이템을 유통시키는 동시에 내가 그 비디오 클립에서 느낀 감정도 표출한다. 그리고 내가 즐겼던 비디오 클립을 다른 누군가도 보고 계속해서 널리 퍼뜨릴 것이라 기대한다. 다시 말해, 콘텐츠 공유하기(또는 밈 확산시키기)는 현재 참여자들이 디지털 공간에서 근본적으로 경험하는 행동들이다.[2]

밈들의 두 번째 속성을 살펴보자. 밈들은 **다양한 수단으로 재포장**repackaging **또는 모방**imitation**되어** 증식한다. 구두 커뮤니케이션에서 사람들은 감각을 통해 밈을 인식하게 되고, 마음속에서 처리하고, 타인들에게 전달하기 위해 밈을 '재포장'한다. 이 과정에서 원형 밈이 가졌던 형식과 콘텐츠는 종종 변화한다. 누군가가 애초에 입 밖으로 내놓은 농담을 발화된 그대로 정확한 단어들을 사용하여 다시 말하기란 거의 불가능하기 때문이다. 그러나 디지털 시대에는 굳이 밈을 재포장하는 수고를 할 필요는 없다. 링크 걸기 또는 복사하기 등의 방법으로 콘텐츠를 **있는 그대로** 확산시킬 수 있기 때문이다. 잠깐 살펴보더라도, 모든 웹 2.0 환경은 사람들에게 **자신만의** 인터넷 밈 **버전**을 창작할 수 있고, 놀라운 규모로 밈을 증식시킬 수 있는 여건을 제공한다.

콘텐츠 재포장에 이용되는 밈의 두 가지 메커니즘은 **흉내 내기**mimicry와 **리믹스**remix이다. 이 방식들은 현재 웹에 널리 보편화되어 있다. 흉내 내기는 '다시 하기redoing'를 실행하는 것이다. 원래의 특정 텍스트를 다른 수단을 통해 재창작하는 행위 re-creation도 흉내 내기에 포함된다. 흉내 내기는 새롭지 않다. 사람들은 위세를 부리는 부모, 짜증 나는 선생님, 위선적 정치인들을 흉내 내기의 대상으로 삼아왔었다. 블랙모어에 따르면 모방은 인간사가 시작될 때부터 밈 확산의 가장 근본적 부분을 차지해 왔다. 웹 2.0 시대에는 날마다 생겨나는 모방적 실행 mimetic praxis은 공론장에서 매우 눈에 띄는 현상이 되었다. 유튜브 같은 웹사이트에 올라온 비디오 중에 일정한 조회수를 넘어선 사용자 제작 비디오는 모방에 영감을 준다. 〈그림 2〉는 영국인 형제 해리 데이비스카Harry Davies-Carr와 찰리 데이비스

그림 2 **다양한 모방의 방식들**

모방되고 리믹스된 비디오 클립들, 〈찰리가 내 손가락을 물었어요〉. 위에서부터
아래로 원본, 리믹스, 흉내 내기

출처: http://www.youtube.com.

카Charlie Davies-Carr가 시작해 널리 모방된 비디오 〈찰리가 내 손
가락을 물었어요Charlie Bit My Finger〉의 한 장면이다. 흉내 내기
의 대상은 비디오에만 국한되지 않고 사진 이미지들을 모방하
기도 한다. 이를테면 레고, 밀가루 반죽 또는 심슨 가족의 캐릭

터에서 이미지를 차용하여 재구축하는 식이다.

디지털 밈을 재포장하는 두 번째 전략은 **리믹스**이다. 리믹스는 비교적 새로운 전략인데, 사용자들은 기존 콘텐츠에 새로운 무엇을 추가한다. 디지털 기술을 이용해 원래 이미지를 포토샵으로 편집하거나 새로운 사운드트랙을 추가하는 등의 방식으로 콘텐츠를 조작하는 것이다. 콘텐츠를 다운로드해 재편집할 수 있는 사용자 친화적 애플리케이션들이 무척 많아지면서, 리믹싱은 엄청난 인기를 끌게 되었다.

오늘날 흉내 내기와 리믹스는 웹을 정복하고 있다. 그리고 '밈'이라는 용어는 수많은 사용자들이 콘텐츠를 수정하고 재창작하는 모습을 설명하기에도 적합하다. 의도적으로 '미메시스 mimesis'를 함축하는 밈 개념은 폭넓은 범주의 커뮤니케이션의 의도와 행동들을 포착할 만큼 충분히 유연하다. 다시 말해, 밈 개념은 순수한 복제부터 경멸적인 흉내 내기에 이르기까지 모든 모방의 방식을 포괄할 수 있다[미메시스는 동물이 다른 동물이나 주위 환경을 흉내 내어 환경에 적응하는 의태(擬態)를 뜻한다 _옮긴이].

밈의 세 번째 특징은 디지털 환경에서 증폭되었는데, 그것은 **경쟁**과 **선택**을 통한 밈의 확산이다. 밈이 전파되는 사회문화적 환경에 대한 적합성(다시 말해, 밈의 적응성) 수준은 다양하다. 문화적 선택 과정은 오래된 개념이지만, 연구자들은 디지털 미디어를 이용해 밈이 전파되고 진화하는 과정을 **추적**할 수 있었다. 이제는 전문가들만이 웹에서 디지털 흔적들을 추적할 수 있는 것은 아니다. 웹 2.0 친화적 웹사이트들은 사용자들의 시청 선호도, 선택, 반응에 대한 메타데이터를 계속 축적하고 있고, 모든 사용자들에게 이를 공개하고 있다. 그러므로 밈들 사이에 벌어지는 경쟁과 선택 과정을 보여주는 메타정보는 점차 가시적으로 변했으며, 밈의 선택 과정에 영향을 미치는 일부로 자리 잡았다. 예컨대 사람들은 온라인에서 앨범을 다운로드하거나 비디오를 리메이크하거나, 또는 가두시위에 참가할 것인지를 결정하기 전에 메타정보들을 고려한다.

지금까지 밈의 속성으로 여겨지는 세 가지 특징들(아주 작은 단위의 확산과 대규모 증식, 흉내 내기를 통한 복제, 선택받기 위한 경쟁)이 디지털 환경에서 얼마나 강하게 드러나는지 실례를 들어 설명했다. 물론 이 같은 밈의 특징들이 디지털 시대에만 증폭된 것은 아니다. 그러나 지난 몇 년에 걸쳐 온라인에서 공유하기, 모방, 리믹스, 인기도 측정하기 등은 참여문화를 떠받치는 가치 있는 기둥들이자 '디지털 문해력'을 갖춘 네티즌들에게 기대되는 본질적인 활동으로 여겨졌다. 이런 새로운 온라인 환경은 '하이퍼미메틱 논리hypermemetic logic'에 의해 지배되고 있다. 내가 이름 붙인 하이퍼미메틱의 특성을 설명하자면, '하이퍼'는 밈들이 넓은 영역으로 신속하게 퍼져나간다는 의미뿐 아니라 밈들이 진화를 거쳐 새로운 토착어가 되어 디지털 표현

과 비디지털 표현 속으로 침투하고 있다는 의미이다.

뜻밖의 상황들에서 등장하는 인터넷 밈들은 밈들이 사회 저변에 밈이 널리 스며들고 있음을 분명히 보여준다. 예컨대 결혼 프러포즈 같은 개인적 이벤트에도 밈이 사용된다. 2011년 11월 블로거 티머시 티아 에웨 티암Timothy Tiah Ewe Tiam은 근사한 레스토랑에서 여자 친구에게 결혼하자는 메시지와 함께 포스터 크기로 인쇄된 밈을 보여주었다. 그는 마침내 핵심 메시지를 전달했다(〈그림 3〉). 프러포즈 이벤트와 (긍정적인) 반응을 찍은 비디오가 유튜브와 소셜 미디어 플랫폼에 올라왔고, '밈을 기반으로 한 결혼 프러포즈'라는 형태의 다른 밈 반응들을 유행으로 만들었다. 프러포즈 밈의 성공과 다른 밈 사례들을 관찰하면 하이퍼미메틱의 다른 특성까지도 알 수 있다. 즉, 하이퍼미메틱이 표현하는 대상은 문화이며, 그 문화 속에서 밈들은 다차원적인 존재감을 가진다.

최근의 문화적 특성으로 여겨지는 하이퍼미메틱의 본질은 '늙은' 밈과 '젊은' 밈을 비교하면 더 명확히 알 수 있다. 앞서 언급했듯이 밈은 인터넷과 함께 탄생하지 않았고, 언제나 인간 사회의 일부분으로 존재해 왔다. 그렇지만, 나는 디지털 시대가 밈의 근본적인 특성들을 변화시켰다는 주장을 펼치고자 한다. 이를 증명하기 위해서 '킬로이, 여기 있었다Kilroy Was Here'라는 참전군인 밈을 사례로 살펴보자.

〈그림 4〉는 '킬로이, 여기 있었다'라는 기이한 문구와 긴 코를 늘어뜨린 남성이 담장 위에서 바라보는 단순한 그림이다. 제2차 세계대전 당시 창작된 킬로이 밈의 기원으로는 여러 이야기가 있다. 대니얼 길모어Daniel Gilmore에 따르면 가장 설득력 있는 킬로이 밈의 기원은 미국 매사추세츠주에 위치한 조선소에서 근무하던 감독관 제임스 킬로이James Kilroy와 연관이 있다.[3] 킬로이는 교대로 일하는 리벳공들의 접합 작업을 확인하는 일을 했다. 그는 작업 검수를 끝마친 구역에 "킬로이, 여기 있었다"라는 글귀를 남겨놓았다. 배가 건조되어 전장으로 향할 때 군인들은 킬로이가 남긴 낙서를 볼 수 있었다. 킬로이는 그야말로 어디에든 등장했고, 배의 가장 이상한 구석이나 예

상치 못한 곳에서 발견되었다.

낙서에 흥미를 느낀 군인들은 배 여기저기에 "킬로이 여기 있었다"라는 슬로건을 적어놓았고, 어느 순간부터 긴 코를 늘 어뜨린 남성의 모습도 추가되었다. 밈이 탄생한 것이다. 제2 차 세계대전이 진행되는 동안 킬로이 낙서는 연합군의 발길이

닿을 수 있는 상상 가능한 모든 장소에서 계속 등장했다. 미군들은 킬로이 밈을 미국 본토로 다시 가져갔고 다른 나라들에도 전파했다. 제2차 세계대전이 끝나자 킬로이는 도시 담벼락에 그려진 그래피티 등 다양한 팝컬처 인공물들로 다시 태어났다.

헨리크 반네스칸스Henrik Bjarneskans, 반 그뢰네비크Bjarne Grønnevik, 앤더스 샌드버그Anders Sandberg는 킬로이 밈이 성공할 수 있었던 원인을 분석했다.[4] 킬로이 밈은 전달되는 메시지가 비교적 단순했으므로 쉽게 복제될 수 있었다. 또한 공개적인 장소에 그려졌기 때문에 많은 사람들 또는 '잠재적인 숙주들'이 밈을 더 널리 퍼뜨릴 수 있었다. 킬로이 슬로건의 '진짜' 의미가 무엇인지도 불가사의했다. 그에 대한 개방적 해석이 가능했기에 개인들은 저마다 선호하는 해석을 다양하게 부여했다. 킬로이 슬로건에는 뚜렷한 의미가 없었으므로 반박하기도 곤란했고, 미스터리를 해독해 보려는 사람들 덕분에 참여자들은 더 늘어났다. 그런데 킬로이 밈의 어떤 요소가 직접적인 보상 없이도 많은 사람들이 동료생산peer-reaction 방식으로 밈을 복제하도록 동기를 부여했던 것일까? 그 동기를 연구했던 반네스칸스는 사람들이 '농담을 공유하는' 개인들과 친해지려고 애쓰는 과정에서 밈이 전파되었다는 가설을 내놓았다.

다시 말해, 사람들이 밈을 복제하는 행위는 '킬로이 작가

그림 5 **널빤지 놀이 밈**

출처: http://ourtwobits.com/a-perspective-on-planking-the-evolution-of-a-revolution/; http://www.squidoo.com/planing-whats-wrong-with-people.

들' 커뮤니티와 개인적 유대를 형성하는 행위였다. 그 행위는 비밀스럽고 영예스러운 형제애 같은 소속감을 창출했다. 언뜻 보기에 '킬로이, 여기 있었다'는 현대적인 인터넷 밈과 놀랍도록 유사하다. 사람들이 공공장소에서 두 팔을 양 옆구리에 나란히 붙이고 엎드려 있는 '널빤지 놀이planking'(몸을 널빤지처럼 뻗은 채 버티는 장면을 사진으로 찍는 놀이로, 국내에는 '시체놀이'로 알려져 있다 _옮긴이)(〈그림 5〉)를 살펴보자. 누군가가 냉장고에 머리를 들이민 모습을 사진으로 찍은 후 사진에 '241543903'이라는 태그를 붙여 온라인에 업로드했다. '241543803/냉장고에 머리 넣기Heads in Freezers'는 검색엔진을 이용하면 쉽게 인터넷에서 찾아볼 수 있다. 인터넷 밈들도 '킬로이, 여기 있었다' 밈처럼 기이하고, 특이하고, 예상치 못한 대조를 보여준다.

앞에서 설명한 세 가지 밈들을 통해 사람들은 특정 조건에서 어떤 행동을 모방하고, '그 의미를 잘 아는' 사람들과 유대감을 형성한다. 그리고, 드디어 그들 모두는 '현실' 세계(즉, 인터넷의 바깥)에 뿌리를 내리게 된다.

전통적 밈과 인터넷 밈 사이에 공통점이 발견되기도 하지만, 근본적 차이도 존재한다. 첫 번째 차이점은 '전체적인 밈 공간overall meme-scape'(많은 밈들이 활동하는 '밈 공간'은 밈 영주Meme Lord가 통치하는 몇 개의 밈 나라Meme-land로 이루어져 있다. 인지도가 높고 재미와 감탄을 자아내는 밈들이 '영주'의 역할을 하며 비교적 영향력이 적은 하위 밈들Lesser Memes을 통제한다 _옮긴이)을 파악하는 '개인적 인식'과 관련된다. 인터넷 등장 이전 시대를 살던 개인들은 극히 적은 수의 밈 현상만 접할 수 있었다. 그들은 아마도 살아가는 동안 '킬로이' 그래피티를 많아야 12번 정도, 어쩌면 더 적게 보았을 것이다. 전통적 밈이 전파되는 영역은 길거리였으므로 밈의 규모를 가늠하기도 어려웠다.

반면, '널빤지 놀이' 밈들은 사진으로 순간을 포착하므로 '현실 세계'에서 그 존재감은 일시적일 뿐이다. 그러나 널빤지 밈들의 실체corpus는 온전한 모습으로 웹에 생생하게 살아 있다. 몇 번의 클릭만으로도 '널빤지 놀이 밈', '냉장고에 머리 넣기 밈'의 수백 가지 버전을 웹에서 찾아볼 수 있다. 킬로이 밈과 동류의 밈 변형체들variants은 대부분의 참여자들에게는 비가시적이었다. 반면, 최근에 등장한 인터넷 밈들의 경우에는 '밈의 가변성memetic variability'을 시각적으로 확인할 수 있다. 밈 변형체들의 가시성뿐만 아니라 밈이 출현한 타임라인의 가시성도 현대적인 인터넷 밈들의 필수적인 특성이다. 또한 하이퍼미메틱의 또 다른 특성이기도 하다. 공적·사적 공간에서 현존하는 인터넷 밈들은 산발적 개체들이 아니라 막대한 양의 텍스트와 이미지들의 집합이다.

인터넷 밈과 전통적 밈을 비교할 때 발견되는 두 번째 차이점은 인터넷 밈 창작자들이 제작 과정에서 중심적 지위를 차지한다는 점이다. 밈 비디오들와 사진들은 수행적 자아performative self에게 훨씬 많은 초점을 맞춘다. 인터넷 밈들을 업로드하는 사람들은 그 자체로 밈을 전파하는 매체medium이자 메시지message가 된다. 인터넷 밈 생산자의 얼굴과 신체는 필수적 부분에 해당한다. 따라서 인터넷 밈들은 '개인 브랜딩'과 '전략적 자기상품화'로 가득한 문화적 상징물emblems이다.[5] 4장에서 자세히 설명하겠지만, 인터넷 밈의 이런 특성들은 공통된 사회적 논리social logic와도 일치한다. 말하자면, 네트워크 개인주의의 시대를 살아가는 사람들은 저마다의 독특한 개성과 그들의 연결성을 동시에 표현하기 위해서 인터넷 밈을 사용하고 있다.

'하이퍼미메틱 논리' 살펴보기

여기까지 나는 인터넷 밈과 현대 디지털 문화 간의 호환성compatibility을 '서술'했다. 이제부터 '설명'해 보고자 한다. 어째서 많은 사람들은 의욕에 넘쳐 다른 누군가가 만들어둔 비디오와 이미지를 다시 창작하려고 하는 것일까? 밈을 복제하는 활동의 잠재적 이득은 무엇이고, 누구를 위한 것인가? 이 얇은 책에 인터넷 밈들에서 발견되는 하이퍼미메틱 논리들을 모두 담기란 무리이겠지만, 하이퍼미메틱에 대한 이해를 돕기 위해서 세 가지 프리즘을 제시하고자 한다. 이 프리즘들은 경제적 논리, 사회적 논리, 문화적 참여 논리에 뿌리를 두고 있다.

밈의 세 가지 프리즘 가운데 **경제적** 논리는 현대사회가 '관심경제attention economy'에 기반한다는 생각과도 관련되어 있다.[6] 과거의 경제 시스템은 상품들에 초점을 맞췄지만, 정보사회에서는 '정보 자체'가 아닌 사람들이 쏟는 '관심'이 가장 가치 있는 자원으로 여겨진다. 사람들이 유튜브 등 웹사이트들에 쏟는 관심은 모방과 직접적으로 연관된다. 어떤 비디오를 재료로 삼아 제작된 파생적 비디오들의 생산량은 관심의 정도를 보여주는 지표가 된다. 처음 업로드된 비디오 클립이 어떻게 대중과 상호작용을 거쳐 관심을 끄는지 보여주기 때문이다. 이런 관심의 역학은 사용자 제작 콘텐츠와 특히 적절하다. 기업들이 제작한 비디오들에 쏟아지는 대중적 관심은 대부분 거기에 출연한 매스미디어 스타들의 지위와 관련이 있지만 아마추어 비디오라면 관심은 보장되지 않는다. 그렇다고 해도, 모방 행위mimetic activity를 통해 대중의 관심을 축적할 수 있을 것이다. 이와 같은 경제 논리에 따르자면 복제하기 쉽게 설계된 비디오는 유튜브의 관심경제에서 성공할 기회를 얻을 수 있다. 이런 논리는 유명한 밈 비디오를 모방하는 사용자들에게도 마찬가지로 적용된다. 경쟁적 모방 행위가 사람들의 관심을 끄는 이유는 무엇일까? 그 이유는 이미 성공을 거둔 비디오와 유사하기 때문에 유튜브 '추천 비디오'에 포함되며, 비디오 원본을 검색할 때 관련성 높은 콘텐츠로 검색 결과 목록에

뜨기 때문이다. 정당이나 정치 활동가들은 대중의 관심을 끌려고 정치 캠페인에도 밈 활동을 이용한다. 정치 캠페인에 참여하는 많은 사람들이 일정한 메시지(예를 들어 '우리가 99%이다')를 반복한다면 매스미디어가 어젠다를 결정하는 과정에서 주제로 선택될 가능성은 커진다. 그렇기 때문에 밈을 이용한다면 더 많은 정치적 관심을 유도할 수 있다.

우리가 개인들의 밈 활동을 이해할 수 있는 두 번째 프리즘은 '참여'의 **사회적** 논리이다. 참여는 배리 웰먼Barry Wellman이 말했던 '네트워크 개인주의'와 연결된다. 개인주의가 강화되는 시대를 살아가는 사람들은 자신만의 특유한 정체성과 이미지를 만들어야만 한다. 그리고 그 활동을 통해서 사람들은 자신들의 '자아'를 능동적으로 구축하고자 한다. 이와 동시에 개인들은 공동체의 유대감을 향한 갈망이 있기 때문에 사회적 네트워킹에도 열정적으로 참여한다. 만일, 인터넷 밈을 사용자 제작 비디오 버전으로 제작한다면 두 가지를 한꺼번에 달성할 수 있다.

우선 사용자들은 스스로 만든 비디오나 포토샵으로 수정을 마친 이미지를 업로드하여 자신들이 디지털 문해력을 갖추었고, 특별하며, 창조적 인물이라는 점을 드러낼 수 있다. 다른 한편, 그들이 업로드한 텍스트는 종종 널리 공유된 흔한 모방적 비디오, 이미지 또는 정형화된 문구formula와 관련되어 있다. 인터넷 사용자들은 이처럼 밈의 '출처 언급하기'를 통해 자신들이 거대한 유튜브, 텀블러, 포챈 커뮤니티에 소속되어 있음을 보여주는 동시에 자신들의 개성까지 구축한다. 따라서 인기 있는 비디오들과 이미지들을 리메이크하는 행위는 인터넷 사용자들이 자신의 몸으로 '네트워크 개인주의'를 문화적으로 구현cultural embodiment하는 과정이다. 리메이크는 참여자들이 '자기 자신들'을 찾도록 이끌어주기 때문이다.

밈 현상을 통찰하기 위한 세 번째 프리즘은 참여의 **문화적·심미적** 논리를 근거로 한다. 이 논리는 밈이 유튜브, 포챈, 또는 인터넷에만 한정된 현상은 아니라는 점을 보여준다. 밈은 문화적 복합체를 위한 기초적 구성 요소가 되므로, 우리는 밈의 텍스트뿐만이 아니라 밈 주변부의 문화적 실행까지도 주목할 필요가 있다.

진 버지스는 유튜브 비디오들을 '매개하는 관념mediating idea'으로 다루자고 제안한다. 문화적 규범들과 기대감에 의해서 형성된 소셜 네트워크 내에서 밈 비디오들이 실행된다는 점을 중시했기 때문이다(버지스는 문화적 참여의 관점에서 바이럴 비디오의 매개하는 역할mediating mechanism에 주목했다. 바이럴 비디오를 매개로 소셜 네트워크에서 문화적 실행이 발생·수용·유지된다 _옮긴이). 이런 문화적 규범들은 팝컬처 장르들과 팬문화의 역사에 그 뿌리를 두고 있다. 예컨대 뮤직 비디오는 연주자들 사이에서 널리 실행되는 즉흥연주jamming, 리믹스, 커버cover(기존에 발표된 곡을 다른 음악가 자신만의 음악적 기법으로 연주하거나 노래하는 행위를 뜻한다 _옮긴이) 과정의 일부로서 복제된다.[7] 이런 모습들은 음악을 제작하는 과정에 수반되는 특징이다. 이처럼 역사적으로 뿌리 깊은 음악 문화의 사례들은 인터넷에서 비디오와 이미지를 재창작하는 방식과 그리 다르지 않다는 점을 이해하게 해준다. 인터넷에서 사람들이 비디오와 이미지를 재창작하면 사적-공적 영역, 전문가-비전문가, 시장적 활동-비시장적 활동 사이의 경계는 흐릿해진다. 그러므로 인터넷 밈은 문화적 생산의 역사적 방식이 웹 2.0 시대의 새로운 어포던스affordance(사용자가 특정한 행동을 하도록 유도하거나 어떤 행동을 쉽게 유발하는 성질을 뜻한다 _옮긴이)와 만나는 현장이라고 할 수 있다.

지금까지의 분석은 밈과 디지털 문화가 마치 하늘이 정해준 배필처럼 잘 어울린다는 점을 보여준다. 인터넷은 밈들로 가득할 뿐만 아니라, 전례 없는 방식으로 밈을 탐색하도록 해주었다. 그러나 밈을 둘러싼 몇 가지 논란들(2장에서 이미 살펴보았던 밈의 '생물학적 비유'와 '누가 밈을 주도하는가')은 디지털 문화 연구에 필요한 밈 개념이 널리 수용되지 못하게 막는 걸림돌이 되었다.

이 걸림돌을 넘어서기 위한 두 가지 방법을 설명하자면 다음과 같다. 모든 문화적 대상에 상응하는 생물학적 등가물을 찾으려는 열망을 버려야만 한다. 또한 인간들을 더 중요한 주체로 여겨야 한다. 다음 4장에서는 세 번째 논쟁을 다루겠다. 이 논쟁은 밈에 대한 경험적 연구를 방해하는, 얼핏 단순해 보이는 질문을 둘러싼 견해의 차이에 관한 것이다. 그 질문은 '밈이란 무엇인가?'이다.

4

인터넷 밈 정의하기

밈학의 핵심적 문제(아마도 당혹스러운 난제)는 바로 '밈'이라는 용어의 정확한 의미가 무엇이냐는 것이다. 앞에서 언급했듯이, 도킨스는 밈을 처음 정의할 때 "문화 전달의 구성단위 또는 모방의 구성단위"라고 적었는데, 이는 상당히 모호한 개념이다. 그가 제시했던 밈의 예시는 관념[신(神)], 텍스트(전래 동요와 농담들), 관례(기독교 의례)까지 포괄한다. 밈학이 시작된 이후 마음-몸mind-body 또는 유전자형-표현형genotype-phenotype 의 구분 방식은 중심적인 논쟁의 대상이 되어왔다. 논쟁을 거치면서 밈의 본성을 바라보는 세 가지 관점들이 자리를 잡았다. 유심론자mentalist 관점, 행태주의적behavior 관점, 포괄적inclusive 관점이 그것이다.

도킨스(1982년에 제시한 확장된 표현형extended phenotype에 대한 설명), 대니얼 데닛, 애런 린치Aaron Lynch 등은 유심론자 관점을 옹호했다. 유심론자들의 연구는 '밈'과 '밈 운반체meme vehicles'의 구별에 기반을 두고 있다. 이 학파의 생각에 따르면 밈들은 인간의 뇌 속에 상주하는 '아이디어' 또는 '정보의 조각'이다. 밈들은 '**빨간**', '**둥근**', '**차가운**'처럼 단순한 개념이 아니라 '알파벳', '체스', '인상주의'[1]처럼 복합적인 아이디어들이다. 다른 누군가에게 전달되기 위해 밈은 이미지, 텍스트, 인공물, 의례(儀禮) 등 다양한 밈 운반체에 '실리게 된다'. 이 관점에 따르자면, 관찰이 가능한 밈 운반체들은 가시적으로 발현된 유전자를 뜻하는 표현형phenotype과

등가물이다. 다시 말해 밈들은 '아이디어의 복합체idea complexes'
이고, 밈 운반체는 그 밈들을 감지할 수 있는 '표현'이다.

　반면, **행태주의** 밈학은 밈을 '아이디어'가 아니라 '행태'와
'인공물'로 이해한다.[2] 행태주의자 모형에 따르면 밈 운반체는
밈 자체와 분리될 수 없다. 밈들은 그것이 표현되는 사건, 실
행, 텍스트를 떠나서는 존재할 수 없기 때문이다. 다시 말하자
면, 밈은 언제나 '코드화된 정보'로서만 경험된다. 또한 행태
주의 관점은 "밈들을 오직 추상적인 정보단위로 본다면, 외부
세계에서 발현된 밈들을 떼어서 생각하기란 불가능하다"라고
지적한다. 만일, 밈들을 '구체적인 단위들'이라고 정의하게 되
면 밈의 진화와 확산이 경험적으로 연구될 수 있다는 장점이
있다. 이런 유형의 밈학은 '확산연구diffusion studies'로 알려진 학
문적 접근 방식과 가깝게 연관되어 있다. 상당히 많은 확산연
구들은 '혁신'의 확산에 초점을 맞추는데, 때때로 밈 개념과 일
반적 밈학의 틀을 차용한다. 그러나 확산연구는 밈 개념을 좁
게 해석하는 방식을 고수한 나머지 밈 개념의 복합성과 풍부
함을 간과하는 경향을 보인다. 특히, 확산연구의 전통적 관점
은 '확산된 밈 단위'를 안정적인, 명확한 개체들로 파악하며 분
명한 경계가 있다고 여기는 경향이 있다.

　유심론자들과 행태주의자들은 밈을 '아이디어' 또는 '실행'으
로 이해한다. 반면, **포괄적 밈학**은 수전 블랙모어가 저서 『밈

머신』에서 "다양한 형태의 밈 정보들을 아무 구분도 없이 부르기 위해" 사용한 용어이다. "아이디어, 그 아이디어를 촉발시킨 뇌의 구조, 뇌의 구조가 야기한 행동, 책, 요리법, 지도, 악보로 옮긴 음악도 모두 밈에 포함된다"(p.66). 요컨대, 모방 또는 복제 가능한 모든 정보는 밈으로 불려야 한다. 그러나 이런 포괄적인 관점은 매우 상이한 요소들을 대개념 아래에 하나로 모으기 때문에 분석 역량이 부족해진다는 문제가 있다.

앞서 요약한 세 관점들을 재평가하고자 나는 밈 개념에 다르게 접근할 것을 제안한다. 내 접근 방식은 두 가지의 간명한 원리들에 기초하고 있다. ① 이미 확산된 밈 단위들units을 조사해 각각의 '**모방의 차원들**'을 통합하기(즉, 대중이 흉내 낼 수 있는 몇 가지 측면들), ② 밈들을 중식하는 단일한 개체들이 아닌 공통된 특성을 갖춘 '**콘텐츠 단위의 집합체**groups of content units'로 이해하기. 이 두 가지 원리들이 어떻게 실행 가능한 인터넷 밈 개념을 구축하는지를 이제부터 설명하겠다.

밈이 모방의 단위라는 도킨스의 주장으로 돌아가 보자. 쉽게 모방할 수 있는 문화적 아이템을 콘텐츠, 형식, 입장이라는 세 가지 차원에서 접근하면 분석에 유용하다.[3] 첫째 차원은 **콘텐츠**content이다. 콘텐츠는 밈이 전달하는 아이디어와 이데올로기 모두를 의미한다. 밈에는 특정한 텍스트를 가진 콘텐츠가 발견된다. 밈의 두 번째 차원은 **형식**form과 관련된다. 밈의 형식은 우리의 감각을 통해 인지되는 메시지의 '물리적 모습 incarnation'이다. 밈의 형식에는 특정한 시각적·청각적 텍스트 뿐만 아니라 그것들을 구성하는 장르 관련한 더 복잡한 패턴 들까지 포함한다(예컨대, 립싱크나 애니메이션).

밈을 아이디어(콘텐츠)와 그 아이디어의 표현(형식)의 차원 에서 이해하는 접근은 이미 널리 논의되었지만, 그 세 번째 차 원은 여기에서 처음으로 제시되는 것이다. 밈의 세 번째 차원 은 밈들이 커뮤니케이션을 거쳐 전달하는 '정보information'와 관 련되어 있다. 이렇게 전달되는 정보를 나는 '**입장**stance'이라고 규정하겠다. 나는 '입장'이라는 용어를 발신인addresser이 밈의 텍스트, 언어 코드, 수신인 및 잠재적 발언자와의 관계에서 자 신을 위치시키는 방식을 설명하려고 선택했다. 밈의 형식, 콘 텐츠, 입장은 잠재적으로 모방이 가능하므로 밈의 텍스트를 재창작할 때 사용자들은 매력적으로 여겨지는 어떤 입장을 흉 내 내기로 결정할 수 있지만, 완전히 다른 종잡을 수 없는 방 향을 택할 수도 있다.

나는 밈 연구를 위해 '입장'이라는 용어를 광범위하게 사용했 는데 명확성을 기하고자 담론과 미디어 연구에서 빌려온 개념들 에 의존하여 '입장'을 다시 세 가지로 나누어 설명하고자 한다.

· 참여구조   수전 필립스Susan Phillips가 제안했으며 참여할

수 있는 권한을 누구에게 어떻게 부여하는지를 설명하는 개념이다.

· 변조keying　　어빙 고프먼Erving Goffman이 개념화한 이후 쇼샤나 블룸쿨카Shoshanna Blum-Kulka와 그의 동료들이 발전시킨 개념이다. 커뮤니케이션에서 분위기tone과 스타일을 의미한다(고프만은 경험을 구성하는 틀에 따라서 단순한 행동도 의미 있는 행위로 바뀐다고 보았다. 사건의 1차적 의미는 개인의 해석 또는 주관적 신념이라는 2차적 틀에 따라 달라진다 _옮긴이).

· 커뮤니케이션 기능　　로먼 야콥슨 Roman Jakobson이 제안했으며 유형별 분류체계에 따라 사용된 개념이다. 그는 사람들이 나누는 커뮤니케이션의 여섯 가지 기본 기능들을 다음과 같이 정리했다. ① 맥락 또는 '외부 세계'를 주목한 지칭적 referential 기능, ② 발신인addresser과 그/그녀의 감정을 주목한 정서적emotive 기능, ③ 수신인addressee과 행동 방향(예컨대, 명령법)에 주목한 행동촉구적conative 기능, ④ 커뮤니케이션의 개시, 연장, 중단에 주목한 교감적phatic 기능(정보 전달·질문을 목적으로 하지 않는 언어 사용을 의미한다 _옮긴이), ⑤ '약호체계code'에 대한 상호 합의를 정립(예컨대, 정의를 내리기)할 때에 사용되는 메타언어적metalingual 기능, ⑥ 메시지 구문

의 심미적·예술적 아름다움에 주목한 시적poetic 기능.[4]

이상에 걸쳐 밈의 세 차원들을 분석했다. 이에 추가하여 인터넷 밈은 광범위하고 재빠른 돌연변이율을 보인다. 그래서 나는 일찍이 도킨스가 제시했던 밈 개념을 정면으로 뒤집는 접근을 주장하고자 한다. 즉, 밈들을 전파되기 쉬운 단일한 아이디어나 정형화된 문구가 아니라 콘텐츠 아이템들의 **집합체** groups로 보는 접근이 유용하다. 앞서 설명했던 두 가지 원칙들을 결합하여, 나는 인터넷 밈을 다음과 같이 정의하고자 한다.

① 디지털 아이템들의 집합체이다. 콘텐츠, 형식 그리고/또는 입장을 공유한다.
② 밈들은 서로의 존재를 의식하면서 만들어졌다.
③ 널리 유포되고, 모방되고, 그리고/또는 인터넷을 통해 다수의 사용자들이 변형할 수 있다.

수정된 인터넷 밈의 정의를 이용하면 인터넷 밈의 의미와 영향력에 대한 미묘한 차이를 잘 드러내주는 설명이 가능하다. 이제부터 그 적용 가능성과 유용성을 증명하기 위해 '브리트니를 내버려 둬', '잇 게츠 베터It Gets Better', '최루액을 뿌리는 경찰Peper-Spraying Cop' 밈을 상세히 살펴보겠다.

'브리트니를 내버려 둬', '최루액을 뿌리는 경찰', '잇 게츠 베터'

2007년 9월 10일, 젊은 게이 블로거이자 가수 크리스 크로커Chris Crocker는 MTV 뮤직비디오 시상식에서 브리트니 스피어스의 활기 없는 무대 모습에 대해 쏟아진 냉혹한 비판들을 반박하는 비디오를 유튜브에 업로드했다. 이 영상에서 크로커는 울고 소리 지르며 시청자들에게 "브리트니를 내버려 둬"라고 애원했다.

브리트니가 그동안 겪은 모든 일을 봤으면서 너희(비판가)들은 어떻게 그녀를 비웃을 수 있지? 그녀는 이모를 잃고, 이혼을 했으며, 두 명의 자녀가 있고, 남편은 마약쟁이에 바람둥이가 되었고, 이제 그녀는 양육권 전쟁을 시작할 거야. 너희들이 신경 쓰는 건 유튜브 채널의 구독자들이지. 그녀를 이용해 돈이나 버는 거겠지. 그녀도 사람이야! …… 그녀가 부르는 노래의 제목이 '나는 더 많은 것을 원해Give me more'인 이유는 너희들이 언제나 더, 더, 더, 더 원하기 때문이야! 그녀를 그냥 내버려 둬! 너 같은 자식을 위해 그녀가 공연까지 했으니 운 좋은 줄 알아! 브리트니를 내버려 둬! …… 지금 당장 브리트니 스피어스를 내버려 둬!

크로커의 비디오는 24시간 동안 200만 건의 조회수를 기록했고, 그 이후에도 더 많은 사람이 시청했다. 크로커가 일으킨 돌풍은 주요 방송사들에 소개되었으며, 전 세계적 관심을 불러일으켰다. 뒤이어 이 비디오를 모방한 수많은 파생물들(배우와 일반 사용자들이 크로커를 흉내 내는 비디오 클립과 음악, 그래픽 요소, 더빙을 추가하여 원본 비디오 클립을 리믹스한 비디오들)의 흐름이 생겨났다.

'브리트니를 내버려 둬'를 밈으로서 분석하려면, 우리는 크로커의 원본 비디오가 배포된 과정을 분석할 필요가 있다. 그런데 아마도 더 중요한 작업은 원본에서 파생된 밈 비디오들의 **새로운 변형 구조**와 의미를 조사하는 것이다. 사람들은 많은 다양한 이유들 때문에 타인들과 어떤 비디오를 **공유**하려 한다(6장에서 그 이유들을 살펴보자). 그러나 **자신만의 버전**으로 밈 비디오를 재생산할 때 원본 비디오에 대해 개인적으로 어떻게 해석하는지가 필연적으로 드러나게 된다. 인터넷 밈이 콘텐츠, 형식, 입장이라는 세 차원들을 갖추었다고 생각된다면 그 모방자가 그 인터넷 밈이 가지고 있는 각 차원을 수용하는지 혹은 거부하는지를 확인할 필요가 있다. 이제부터 이 전략을 크로커의 비디오가 밈으로 확산되는 과정에서 어떻게 변형되었는지 평가하는 데 적용해 보자.

2007년에 촬영된 크로커 비디오에는 아이디어, 텍스트에 의

한 실행, 커뮤니케이션 전략들이 복잡하게 혼합되어 있다. 우리는 크로커 비디오의 콘텐츠, 즉 그 비디오가 전달하는 아이디어와 이데올로기가 무엇인가부터 살펴보았다. 이 비디오의 텍스트에는 스피어스의 삶에 대한 사실(예컨대, 그녀의 두 자녀), 몰락한 유명 인사들을 헐뜯는 자들에 대한 혹평이 담겨 있다. 더 넓게 보면, 크로커는 이 비디오뿐만 아니라 자신의 다른 비디오 촬영물에서도 게이처럼 굴고 나약한 자신의 모습이 정당한 행태라는 메시지를 전달하기 원한다. 형식 또는 텍스트 구축에 주목해 보자면, 크로커 비디오의 레이아웃은 하얀 천 앞에 등장인물이 자리하고, 말하는 얼굴을 클로즈업하며 중간에 끊지 않고 한 번에 촬영했다는 특징이 있다. 어떤 문구들을 반복하고 목소리를 높이고, 눈물을 흘리고, 정신이 나간 듯한 혼란스러운 손짓과 머리 동작이 크로커 비디오의 특징을 이룬다.

그런데 크로커 비디오에서 발견되는 가장 복잡한 차원은 '입장'과 관련된다. **참여구조**의 부차적 차원을 살펴보면, 시청자들은 크로커 비디오 그 자체로 공공연하게 연약한 태도를 보이는 게이가 자신의 의견을 공론장public sphere에서 표명하는 모습을 떠올리게 된다. 앞서 언급했듯이 **변조**는 어떤 목소리의 분위기 또는 감각 양식을 뜻하는데, 이는 밈 비디오 참여자들이 만들어내는 '담론적 사건들discursive events'의 내적인 뼈대를 이루게 된다(언어 사용의 변화를 통한 텍스트의 생산과 해석을 뜻한다 _옮긴이). 사람들은 변조를 통해 자신들의 커뮤니케이션을 때때로 재미나게, 아이러니하게, 조롱하듯이, 가짜로 시늉하듯이, 또는 진지하게 만들 수 있다.

〈브리트니를 내버려 둬〉 비디오에 등장한 크로커는 변조를 통해 자신의 발언을 극도로 심각하고, 감정적으로 보이게 만들었다. 때로는 지나치게 심각했기 때문에 한발 떨어져서 거리를 두고 보면, 크로커가 내놓은 말들은 익살스럽고 모호한 느낌을 주는 패러디로 여겨질 수도 있었다. 그러자 논평가들은 크로커 비디오에 과연 진정성이 있느냐고 의문을 제기했다. 그러자 크로커는 자신이 비디오에서 내놓은 발언들은 완전히 진심이었노라고 반박했다. 야콥슨의 여섯 가지 커뮤니케이션 기능들에 비추어보자면, 크로커 비디오에서 발견되는 압도적 특징들은 지칭적 기능(브리트니의 인생에서 일어난 사실들을 알려준다)과 행동촉구적 기능(시청자들에게 행동 양식을 바꾸라고 애원한다)이다. 크로커 비디오는 발화자 및 자신의 감정 상태를 보여주는 영상이므로 정서적 기능을 한다. 더구나, 이 비디오를 맥락적으로 검토하면 교감적 기능까지도 어느 정도 발견된다.

〈브리트니를 내버려 둬〉는 크로커가 자신의 유튜브 채널에 올린 비디오 재생 목록 가운데 하나이다. 크로커는 유튜브 채널의 콘텐츠를 빈번하게 생산함으로써 자기 자신, 초보적 연기 경력, 그리고 충성스러운 유튜브(그리고 마이스페이스) 시청자들과 소통의 경로를 유지하길 열망하는 것이다.[5]

지금까지 나는 크로커가 만든 원본 비디오에 내재된 밈의 차원들을 분석했다. 이제부터 살펴보려는 질문은 다음과 같다. 인터넷 사용자들이 만든 파생적 비디오들이 얼마나 정확하게 원본을 모방했고, 밈의 어떤 차원이 수정되었는가? 다시 말해, 경쟁적인 밈 선택 과정에서 어떤 면이 성공했는지를 파악해 보고자 한다. 크로커 비디오에서 파생된 모든 밈 비디오 버전들을 추적하기란 사실상 불가능했다. 그래서 나는 가장 조회수가 많은 20개의 비디오 샘플들을 찾아서 크로커 비디오에서 파생된 밈 비디오 버전으로 선정했다. 웹에서 비디오 샘플을 찾는 검색어 조건은 '브리트니를 혼자 내버려 둬'였고, 검색된 단어들은 '내버려 둬leave', '혼자alone', '크로커crocker'였다. 그다음 조회수에 따라 검색 결과를 분류했다. 나는 검색 결과로 찾아낸 10만 건의 비디오들 가운데 가장 많이 시청된 20개 비디오를 샘플로 선정했다. 이 연구 대상을 질적으로 분석해 밈이 수용uptake되는 패턴을 확인한다는 목표를 정했다.

크로커 비디오에서 파생된 밈 비디오들 20개를 분석한 결과, 세 가지 밈 차원(콘텐츠, 형식, 입장) 가운데서 사람들이 가장 높은 수준의 정확도로 모방한 것은 바로 크로커 비디오의 '형식'이었다. 하얀 천을 배경으로 그 앞에 인물이 등장하는 미장

셴 Mise-en-Scène(무대에 시각적 요소들을 배열해 연출하는 것을 뜻한다_ 옮긴이)과 끊기지 않게 한 번에 찍는 방식은 사실상 모든 텍스트에서 분명히 드러났다. 남성 출연자들은 20개 비디오 가운데 16개에 등장했는데, 여성을 상징하는 표지를 택하는 방식은 모두 크로커의 비디오와 비슷했다(예를 들면 가발이나 눈화장). 게다가 크로커의 원본 비디오에 등장하는 텍스트의 스타일은 샘플 비디오들에서도 반복된다. 예를 들면 "-를 그냥 내버려 둬", "그/그녀도 사람이야" 등의 문장이 그것이다.

크로커 비디오의 '형식'은 비교적 높은 수준의 정확도로 모방되었다. 이와 대조적으로 '콘텐츠'와 '입장' 차원에서는 근본적 변화들이 발생했다. 이런 변형은 내가 **패러디** 샘플로 선정했던 **모든** 밈 비디오들의 구조와 깊이 관련되어 있다. 패러디의 주요 특징은 모방의 재료가 되는 텍스트에 비판적인 관점을 취한다는 것이다. 모든 패러디물은 어느 정도 모방 imitation을 수반한다. 그렇지만, 원본을 따라 하는 행위들을 모두 패러디로 여길 수는 없다. 이 차이에 대한 이해는 중요하다. 유튜브에 올라온 많은 밈 비디오들은 원본에 등장하는 주인공들을 조롱하지 않고 진지하게 그 행위를 따라 한다. 예컨대 유튜브에서 인기를 끌었던 〈춤의 진화 Evolution of Dance〉 비디오는 자기 풍자적인 공연을 숨김없이 보여준다. 사람들은 〈춤의 진화〉 비디오를 따라 하며 수많은 밈 비디오들을 제작했는데 원본에 나오는 주인공 남자를 웃음거리로 삼지 않았고 그의 춤 동작들을 다양한 맥락으로 해석하여 모방했다.

반면, 〈브리트니를 내버려 둬〉를 모방한 샘플 비디오들은 그렇지 않다. 크로커의 원작 비디오 〈브리트니를 내버려 둬〉를 모방한 파생적 비디오들이 원작을 패러디하려는 의도들은 아무리 좋게 보더라도 모호하고, 크게 과장된 표정 연기는 어색하게 느껴진다. 뒤에 설명하듯이 패러디는 원작 밈의 이데올로기적 측면과 커뮤니케이션 측면을 모두 대상으로 삼는다.

크로커가 만든 원작 비디오에는 공공연하게 여성적 동성애를 옹호하는 메시지가 담겼는데 나중에 나온 많은 패러디 비디오들은 바로 이 메시지를 풍자했다. 예컨대 많이 시청된 패러디 비디오에 등장한 개그맨 세스 그린Seth Green은 검정색 눈 화장을 고치면서 크리스 크로커를 내버려 두라고 소리치고 '애원'한다. "여러분은 크리스의 스니커즈나 통굽 구두를 신고서 1마일(1.6km _옮긴이)도 걸어보지 않았죠. …… 크리스가 어떤 옷을 입는지 모르지만 스타일이 멋질 거예요!"

어떤 파생적 비디오 밈들은 다른 팝가수와 유명인들을 소재로 삼아서 조롱한다. 예를 들어, 〈저스틴 비버Justin Bieber를 내버려 둬〉나 〈레베카 블랙Rebecca Black을 내버려 둬〉 비디오는 유명인들을 맹렬히 비난함으로써 유명인들을 동정하는 크로커의 절규를 조롱한다. 이런 비디오 클립들은 원본 비디오의 관점에서 벗어나 급진적으로 수정되었다. 무엇보다 **변조**(의사소통에서의 분위기와 스타일)의 수정이 두드러진다. 사용자들이 만든 파생적 비디오들은 크로커의 과도한 감정적 연기를 따라 하는 것을 거부하고 냉소적이고 반어적 태도를 선호한다.

사정이 이렇다 보니 파생적 밈 비디오의 생산자가 이런 비디오 표현들을 통해서 무엇을 의도한 것인지는 그 누구도 알기 어렵다. 누군가가 비디오에 등장해 "마이클 잭슨이 그의 원숭이를 사랑한다", "마이클 잭슨을 내버려 둬"라고 애원한다고 해도, 그 문구들이 별 의미가 없다는 점은 분명해 보인다. 흥미롭게도 내가 검토한 샘플 밈 비디오들은 대부분 반어적 변조ironic keying를 공통적으로 사용하고 있었다. 즉, 크로커가 만든 원본 비디오보다는 샘플 밈 비디오들 간에 더 많은 유사성이 발견되었다.

여기까지 내 설명은 모방 행위와 밈 차원 간의 복잡한 관련성을 분석하려는 것이었다. 파생적 밈 비디오를 만든 인터넷 사용자들은 크로커 원본 비디오의 '형식'을 비록 모방하면서도 그 '콘텐츠'와 '입장'이 대립되는 밈들을 만들기 위해 다른 모방자들을 흉내 내고 있었다. 즉, 모방 과정에는 원본의 노골적 베끼기와 원본 사건을 반전시키기가 결합된다. 이 과정에서 사용자들에 의해 퍼져나가는 가장 강력한 커뮤니케이션 지향적 밈은 '반어적 커뮤니케이션ironic communication'이다. 이것은 장난기 있고 불친절한 언어를 사용하여 이미 발화된 단어들이 수행하는 분명한 의미를 갑자기 틀어버리는 방식이다.

3차원적 밈 모형을 이용한 연구에서 노엄 갈Noam Gal은 인터넷 기반의 집단적 정체성collective identity 형성에 영향을 주는 밈 실행의 역할을 탐구했다.[6] 갈은 대중의 참여를 이끌어내는 유튜브 캠페인, 예컨대 잇 게츠 베터 프로젝트It Gets Better Project에 주목했다(http://itgetsbetter.org는 2010년 시작된 유튜브 비디오 채널로서 10대 동성애자들의 자살을 예방하려고 만들어졌다 _옮긴이). 동성애를 혐오하는 사람들의 괴롭힘에 시달리다가 10대 게이가 자살하는 사건이 미국에서 발생했다. 이 캠페인은 미디어가 그 자살 사건을 대대적으로 보도한 이후 시작되었다. 갈은 '잇 게츠 베터 캠페인'의 유튜브 채널에 업로드된 비디오들의 연속적 흐름을 밈으로 판단하고 분석을 진행했다. 이 유튜브 채널의 참여자들은 기존에 업로드된 비디오들의 다양한 면모들을 유지하거나 바꾸는 방식으로 새로운 버전의 밈을 창작한다. 이와 같이 '부분적 인용하기' 방식으로 만들어진 밈 비디오들은 독특한 담론적 공간을 구성한다. 이 공간의 모습은 지속적으로 절충되는 규범과 관습에 의해 결정된다.

이처럼 산발적인 모방과 일탈 행위가 집적되어 형성된 밈의 동질감identity을 조사하려고 그녀는 200여 개의 캠페인 비디오들을 질적·양적으로 분석했다. 콘텐츠 차원에서 '잇 게츠 베터'

캠페인 비디오들은 10대 동성애자들의 문제점과 해결책을 사적 영역에서 서술하는 경향이 관찰되었다. '입장'의 차원을 살펴보면, 이 비디오에 출연한 주인공들 대다수는 건장한 백인 미국인 남성들이었다. 유튜브에 올라온 '잇 게츠 베터' 캠페인 비디오들은 그 매체를 통제하는 공식적 게이트키퍼가 없었는데도 전형적인 헤게모니적 참여구조가 형성되어 있었다. '형식' 차원에서는 주인공이 카메라 앞쪽에 위치하는 미장센이 지배적이었다.

콘텐츠, 형식, 입장의 차원으로 나누어 인터넷 밈을 분석하는 방식은 밈 비디오들에서 드러난 규범 준수와 파괴의 다양한 유형을 파악할 수 있게 해주었다. 어떤 비디오들에는 다소 보수적 콘텐츠가 파격적 관점과 짝을 이루었지만(푸에르토리코 여성이 예수에게 기도를 하는 사례), 다른 비디오들은 전문적 구성으로 포장된 급진적 주장들이 더 이상의 참여 행위를 '차단'했다.

나는 밈의 세 차원들meme typology을 밈 비디오 사례들의 분석에 적용했을 때 얻을 수 있는 유용성을 입증했다. 이제부터 나는 이미지, 텍스트 형태의 밈들도 콘텐츠, 형식, 입장 차원의 분석 방법을 적용할 수 있다는 점을 사례들을 통해서 분명히 실증하고자 한다. 먼저, '최루액을 뿌리는 경찰Pepper-Spraying Cop' 밈을 사례로서 살펴보자. 2011년 11월 18일, 미국 캘리포

그림 6   **최루액을 뿌리는 경찰 밈**

출처: 첫 번째 – http://www.tumblr.com/tagged/louise+macabitas

(ⓒ Louise Macabitas)

두 번째, 세 번째 – http://www.uproxx.com/webculture/.

니아 대학교 데이비스 캠퍼스의 학생들은 월가를 점령하라Occupy
Wall Street 시위의 일환으로 집회를 열었다. 경찰은 학생들에게
그 장소를 떠나라고 요구했지만, 학생들은 경찰의 지시를 듣
지 않았다. 그러자 경찰관 두 명이 가만히 줄지어 앉아 있는

학생들의 얼굴에 최루액을 직접 뿌렸다. 이 장면을 담은 비디오들이 유튜브에 곧바로 업로드되었고, 미국 경찰들의 과도한 공권력 사용은 비판을 불러일으켰다. 경찰관 존 파이크John Pike가 학생들에게 최루액을 뿌리는 사진은 재빠르게 인터넷 밈으로 진화했다. 사용자들은 '최루액을 뿌리는 경찰' 사진을 포토샵으로 편집해 밈으로 만들었다. 그 결과 밈의 초기 버전에 역사적·예술적·팝컬처적 배경이 추가되었고 맥락은 끝도 없이 확장되었다

'최루액을 뿌리는 경찰' 밈에 담긴 이미지들의 과잉은 콘텐츠, 형식, 입장 모형을 통하여 분석될 수 있을 것이다. 이런 밈 활동 사례는 대부분의 밈 버전들이 비록 유사한 포토샵 기반 '형식'을 공유한다고 해도, '콘텐츠' 차원에서는 엄청나게 다양하다는 사실을 보여준다. 콘텐츠 분석을 위해 나는 밈 버전을 두 개의 주요 그룹으로 분류했다. 첫째 그룹의 밈 버전들은 정치적 콘텐츠들에 초점을 맞췄다. 경찰관 파이크가 델라웨어를 건너는 조지 워싱턴, 러시모어산 암석에 새겨진 옛 미국 대통령들, 헌법 등 미국을 대표하는 상징물들뿐 아니라 전 세계의 자유 투사들(예컨대, 중국 톈안먼 사건 등)에게 최루액을 뿌리는 장면을 표현한 밈들도 있었다. 정치적 버전의 '최루액을 뿌리는 경찰' 밈은 시위 참여자들로 대표되는 정의와 자유라는 근본적 가치들을 그 경찰이 야만스럽게 짓밟았다는 메시지를

공유한다.

'최루액을 뿌리는 경찰' 밈들의 두 번째 그룹은 팝컬처 성향이 드러났다. 경찰관 파이크는 스누피, 매릴린 먼로, '꼬마 아기 판다Little Baby Panda', '키보드 고양이Keyboard Cat' 같은 인터넷 밈 스타들에게 스프레이를 뿌려댄다. 이런 팝컬처 성향의 밈들은 다중적 해석이 가능하다. 예컨대, 어떤 밈은 경찰관 파이크가 리베카 블랙에게 최루액을 뿌리는 장면을 담았다. 단순한 단어들이 반복되는 유치한 가사의 노래「금요일Friday」을 불러 유튜브에서 폭발적 관심을 끌었던 십대 가수 리베카 블랙에 대한 조롱은 '인터넷 현상'이 되었다. 리베카에 대한 비호감이 압도적이었기 때문에 스프레이를 뿌리는 경찰관 파이크를 비난하려던 밈 생산자의 애초 의도는 거의 역전되고 말았다.

이처럼 콘텐츠에서 발견되는 차이는 나아가 입장의 교체 stance alternations로까지 이어질 수 있다. 예컨대 모방적 수용 과정에서 원본 사진을 변조keying하면 원본이 가진 절대적인 심각함도 노골적인 장난기로 바뀔 수 있다. 그렇더라도 정치적으로 편향된 밈을 변조하면 대부분은 냉소적 느낌이 묻어나게 된다. 반면 팝컬처 성향의 변조를 거치게 되면 밈의 지배적인 분위기는 즐거움과 유머로 바뀌게 된다.

'최루액을 뿌리는 경찰' 밈을 콘텐츠, 형식, 입장의 차원에서 분석한 결과는 '브리트니를 내버려 둬' 밈에서 관찰된 통합적 수용의 패턴과는 대조적이다. 아마도 다른 밈들은 더 확산적 방식의 전파와 진화 과정을 거칠 것이다. 밈들이 어떤 방식으로 확산되는지 추적한다면, 혼돈된 상태로 보이는 월드와이드웹www이 사실 더 조직화된 문화적 궤적들을 따르고 있다는 점도 증명될 수 있을 것이다.

밈을 세 가지 차원들로 구분하는 방식을 활용하면 인터넷 밈들 사이에 테두리를 긋는 우리의 능력도 개선될 수 있다. 인터넷 밈을, 공통된 특징들을 공유하는 '상호 연결된 콘텐츠 단위content units의 집합체'라고 생각해 보자. 그렇다면 밈들의 공통적인 특징들에는 콘텐츠, 형식, 입장만이 아니라 그 다양한 조합까지 포함된다는 점도 가정할 수 있다. 그러므로 어떤 밈의 범위를 정의하는 작업은 그 밈을 검증하는 차원이 무엇인가에 달려 있게 된다.

예컨대 만일 우리가 밈을 이해하는 프리즘이 '콘텐츠'와 '아이디어'의 프리즘이라면, 우리는 동일한 콘텐츠는 비디오, 텍스트 또는 포토샵 이미지로도 표현될 수 있다고 주장할 수 있다. 이런 경우에는 그 형식들이 다르다고 하여도 우리가 '인터넷 밈'을 정의할 때에 포함시켜야 할 것이다. 대안적으로 우리는 이미지 매크로image macros 또는 립싱크lip synch 같은 '모방의 형태들memetic formats'도 다양한 아이디어의 전달에 사용되는 동종의 인터넷 밈으로 인정할 수 있다. 이미지 매크로는 디지털 이미지 위에 짤막한 문구를 배치하여 만든다. 립싱크와 이미지 매크로의 구분은 7장에서, 특정한 밈 '테마들'과 '형태들' 사이의 교차점에 해당하는 **밈의 장르들**'을 정의하면서 다시 이야기하겠다.

5

'밈' 대 '바이럴'

학문적·대중적 담론 모두에서 밈 개념과 가장 가깝다고 여겨지는 인접 개념은 '바이럴viral'이다. 많은 이들이 밈과 바이럴을 혼용해 사용하고 있다. 나는 두 용어의 개념의 차이를 강조하고자 한다. 최근의 논문에서 제프 헴슬리Jeff Hemsley와 로버트 메이슨Robert Mason은 '바이럴리티virality'를 포괄적으로 정의했다. 그들의 설명에 의하면 입소문에 의한 메시지 전달은 '폭포형 확산' 과정과 같다. "느슨하게 연결된 다중적 개인 네트워크를 통해 어떤 메시지가 활발하게 전달된다. 그 결과 그 메시지에 노출되는 사람들의 수는 급격히 증가한다."[1] 바이럴리티의 핵심적 속성들 세 가지는 다음과 같다. ① 사람-사람 방식의 전파, ② 소셜 미디어 플랫폼에 의해 향상된 '빠른 속도', ③ 다중적 네트워크를 연결함으로써 가능해진 '넓은 도달 범위'이다. 다른 연구자들처럼 헴슬리와 메이슨도 바이럴리티를 **특정 아이템**이 일정한 경로로 전파되는 과정으로 인식했다. 그 특정 아이템에는 종종 '바이럴 비디오', '바이럴 광고' 또는 '바이럴 사진'이라는 태그가 붙는다.

밈과 바이럴의 주된 차이점은 가변성variability과 관련이 있다. 바이럴은 많은 복사본으로 전파되는 비디오, 사진 또는 농담과 같은 '**단일한 문화적 단위**'로 구성되는 반면, 인터넷 밈은 **언제나** '텍스트들의 집합체collection of texts'이다. 어떤 하나의 비디오를 두고 다른 텍스트들을 언급하지도 않고 "이것은 바이럴 비디오입니다"라고 말할 수 있지만, 인터넷 밈에는 들어맞지 않는다. 단일한 비디오는 인터넷 밈은 아니다. 그렇지만 밈의 **일부**part라고 여길 수는 있다. 다시 말해, 텍스트들의 집합체 가운데 어떤 하나가 발현manifestation되어 밈이 되었다면 그것을 밈이라고 부를 수 있다. '브리트니를 내버려 둬' 밈은 크리스 크로커가 제작한 바이럴 비디오라고 할 수 있다. 그 비디오가 파생적 밈 비디오들의 생산을 촉발시켰기[2] 때문에 비로소 크로커의 비디오는 '밈 비디오'가 되었다. 3장에서 서술했듯이, '브리트니를 내버려 둬' 밈은 많은 파생 비디오를 거느리고 있다. 기술적 의미에 한정해 살펴보자면, 바이럴 비디오와 밈 비디오는 모두 도킨스가 말하는 밈 개념에 부합한다. 밈이 한 사람에서 다른 사람에게로 서서히 퍼져나간다는 면에서는 그렇다. 그런데 밈 콘텐츠는 본래의 밈 개념에 더 가깝다. 밈은 살아 있고 변화하는 **개체로서 숙주들의 몸과 마음에 통합**되기 때문이다.

그러나 이처럼 직선적인 구분은 밈과 바이럴 간의 복잡한 관계를 포착하려는 작업을 실패로 이끈다. 미묘한 차이를 고려해, 두 가지를 주장하고자 한다. 먼저 나는 바이럴과 밈을 둘로 나누는 양분법을 버리고, 역동적 스펙트럼에 위치한 두 개의 말단two ends으로 보고자 한다. 사실, 순전한 바이럴 콘텐츠는 아마도 없을 것이다. 사진이나 비디오가 웹에서 특정한

표 1   바이럴, 창시자 기반 밈, 평등주의자 밈의 비교

	바이럴	창시자 기반 밈	평등주의자 밈
버전의 수	하나*	다수	다수
인기의 분배	첫 비디오를 본 수백만 명의 시청자들	밈을 유발한 압도적으로 인기가 많은 한 개의 비디오 클립/사진(가끔은 바이럴로 확산된다)	많은 버전들 간에 균등하게 분산된 인기
파생물들의 초점		사람들은 특정한 사진이나 비디오들을 언급	사람들이 특정한 정형적인 문구에 공감
사용자 개입	메타 논평	텍스트 변경하기	텍스트 변경하기
사례	〈롤러스케이트를 타는 에비앙 아기들〉	브리트니를 내버려 둬	롤캣

주: * 만일 바이럴이 많은 파생적 콘텐츠 생산을 유발한다면 '밈'으로도 분류될 수 있다.

수준의 인기를 얻으면 그 순간 분명히 어느 누군가는 어딘가에서 그 콘텐츠를 바꿀 것이다. 더구나, 여기에는 시간의 제약을 받는 강력한 요인도 숨어 있기 때문에 이를 감안해야만 한다. 예컨대 수많은 밈 비디오들은 처음에는 바이럴 비디오로 전파된다. 그러므로 만일 우리가 바이럴과 밈을 역동적 스펙트럼에 위치한 두 개의 말단으로 여긴다면 두 개념의 정확한 차이는 세 가지로 정리될 수 있다.

① 바이럴 밈viral meme   단일한 문화적 단위(단어들, 이미지

또는 비디오로 표현된다)로서 다수의 매개자들을 거쳐 전파되고 수백만 명에게 평가를 받는다. 하나의 '바이럴'은 파생적 콘텐츠를 생성하거나 그렇지 못할 수 있다. '인비저블 칠드런'이 2012년에 시작한 코니를 체포하라는 메시지를 담은 코니 2012 캠페인(http://invisiblechildren.com/kony)이나 생수회사 에비앙의 광고 〈롤러스케이트를 타는 에비앙 아기들Evian Roller Babies〉(https://bit.ly/3w6UuC7)을 사례로 참고하기 바란다.

② 창시자 기반 밈founder-based meme　　특정한 (종종 바이럴이다) 텍스트, 비디오 또는 이미지에 의해서 촉발되는 인터넷 밈을 의미한다. '상황실The Situation Room' 또는 '최루액을 뿌리는 경찰'이 그 사례들이다. 그러나 이렇게 생산되는 밈 비디오 버전들은 많지만, 시청자들은 그리 많지 않다.

③ 평등주의자 밈　　동시다발적으로 진화했다고 여겨지는 많은 밈 버전들로 구성되며, 텍스트의 분명한 기초는 없다. 7장에서 살펴보겠지만 평등주의자 밈은 어떤 정형화된 문구formula 또는 장르에 바탕을 두고 있다. 평등주의자 밈들은 높은 대중적 인기를 누린다는 특성이 있지만, 다양한 버전들이 만들어지므로 그 인기가 균등하게 배분된다. 감

정이 드러난 얼굴 표정을 소재로 삼은 레이지 코믹스Rage comics, 롤캣LOLCats, '히틀러의 몰락 패러디'가 여기에 해당하는 밈 사례들이다.

나의 두 번째 주장은 인터넷 밈과 바이럴을 '수동적'-'적극적'이라는 공식화로 나누려고 하기보다는, 양 개념은 관여의 방식modes of engagement에서 차이가 난다는 점을 생각해야만 한다는 것이다. 바이럴의 확산은 밈의 모방에 비교하면 훨씬 수동적인 커뮤니케이션 방식이라고 할 수 있다. 내 주장의 요점은 밈과 바이럴 모두에는(그 관여하는 수준은 다를지라도) '참여적 커뮤니케이션engaged communication'이 수반된다는 것이다.

바이럴 콘텐츠의 커뮤니케이션에는 개인화된 메타 논평이 포함될 수 있다(예를 들어 '집에서 시도하지 마세요Don't try this at home'라고 하단에 적는 것이다). 그러나 밈 콘텐츠에 개인화된 메타 논평이 포함된다면 텍스트 자체가 변경되는 결과를 낳는다.

인터넷 밈과 바이럴은 닮은 점들이 많은 데도 불구하고, 지금까지 학계의 연구는 두 개념을 다른 방식으로 사용해 왔다. 이처럼 용법의 차이가 발생했던 이유는 두 개의 대조되는 커뮤니케이션의 구성('전달transmission'을 위한 커뮤니케이션과 '의례ritual'로서의 커뮤니케이션의 차이)에서 생겨나는 것으로 보인다. 제임스 케리James Carey가 저서 『문화로서의 커뮤니케이션Communication as Culture』(1989)에서 설명했듯이, 이런 대조는 새로운 밈-바이럴 연구의 지평을 열어주는 풍부한 환경을 조성했다. 커뮤니케이션을 '전달'로 보는 관점은 매스미디어를 통한 정보 확산을 어떤 공간에서의 물건의 이동이나 사람들의 동작에 비유한다. 이 관점에 의하면, 커뮤니케이션은 주로 정보를 전하는 과정이다. 그러므로 어떤 정보를 담은 메시지들이 공간을 이동할 때 그 확산 범위와 효과가 증강되기를 바란다. 효과적 커뮤니케이션을 위해 '당신의 메시지가 전달'되어야 하므로 메시지들은 방해를 받지 않고 신속히 전해져야 한다. 반면, 제임스 케리가 설명한 '의례' 모형은 커뮤니케이션을 다음과 같이 정의한다. "커뮤니케이션은 정보를 타인에게 전하는 행위가 아니며, '공유된 믿음'의 구축과 표명을 의미한다." 이 모형은 가치, 상징, 문화적 감수성의 공유를 강조한다. 이런 요소들은 사람들이 자신이 속한 커뮤니티를 어떻게 보는지를 구체적으로 나타낸다. 이 모형에 의하면, 커뮤니케이션 과정에서 '메시지'는 그 전달 범위와 효과를 쉽게 추적할 수 있는 단위가 아니다. 메시지는 사람들의 정체성과 소속감이 커뮤니티 속에서 부단하게 구축되는 과정 그 자체인 것이다.

바이럴리티에 대한 연구는 '전달'을 위한 커뮤니케이션을 수용하는 경향을 보인다. 바이럴리티에 초점을 맞춘 연구는 마케팅과 정치적 커뮤니케이션 분야에서 대부분의 연구를 진행한다. 즉, 특정한 '아이템'의 전파와 관련된 질문에 집중한다. 바이럴이 어떻게, 어떤 수준으로 전파되는가라는 질문을 던지고, 바이럴의 효과성을 증진시키는 요소들을 연구한다. 그리고 그 과정을 보강하는 권력구조를 계획한다. 정치 지향적 바이럴리티 연구에서 유행하는 질문은 블로그와 다른 소셜미디어가 바이럴 과정에서 어떤 역할을 하는지를 기존의 매스미디어 아웃렛outlets의 역할과 비교하는 것이다.

예컨대 8장에서 나는 케빈 월스턴Kevin Wallsten과 캐린 나혼Karine Nahon의 연구를 살펴볼 것이다.[3] 그들의 연구는 2008년 미국 대선 캠페인에서 정치 비디오 클립들의 전파, 그리고 바이럴 과정을 증폭시키기 위해 활동했던 공식 캠페인 운영자들과 블로거들의 역할에 초점을 맞췄다. 6장에서 다루는 조지프 펠프스Joseph Phelps와 조나 버거Jonah Berger, 캐서린 밀크먼Katherine Milkman의 분석은 마케팅을 지향하는 연구들이다. 이들의 연구는 바이럴의 확산을 뒷받침하는 권력 구조나 과정이 아니라 바이럴 마케팅을 위한 성공적인 전략들에 초점을 두려는 경향을 보인다.

(바이럴이 아닌) 인터넷 밈의 특성에 관심을 두었던 몇몇 연구자들은 '의례'로서 커뮤니케이션을 주목한 케리의 틀과 더 강력하게 연결되어 있다. 이 같은 연구물들은 모방하는 행동들이 현대 디지털 문화에서 공유가치의 구축이라는 중요한 역

할을 하고 있음을 보여준다. 인터넷 밈 연구자들은 밈들을 마치 문화적 빌딩 블록처럼 다루면서, 사람들이 모방을 위해 어떤 선택을 하고, 밈에 어떤 의미를 부여하는지 이해하려고 시도한다. 이 책이 여러 군데에서 인용했던 진 버지스, 미셸 노블, 콜린 랭크시어, 패트릭 데이비슨Patrick Davidson, 라이언 밀너의 연구물은 점차 형태를 갖추어가는 밈 연구의 궤적을 보여준다.

흥미로운 점은 바이럴 콘텐츠를 '의례'의 개념으로 보고 밈 콘텐츠를 '전달' 개념으로 파악한다면, 그동안 밈과 바이럴이 연구되었던 방식을 뒤집을 수 있다는 것이다. 실제로 이런 전환은 바이럴 비디오들의 성공과 유효성 측면뿐 아니라 사회적·정치적 독자성을 구성하는 문화적 영향과 역할의 분석까지 요구한다. 반면, '전달transmission'에 주목하여 인터넷 밈을 검토하려는 관점은 성공 요소와 확산 패턴에만 초점을 맞춘다. 인터넷 밈을 '전달' 지향적 접근으로 분석하려는 흐름은 최근 정보컴퓨터공학 분야에서 확연히 나타난다. 이런 연구들은 인용구, 해시태그, 캐치프레이즈 등 말로 전달되는 밈 verbal meme이 겪는 변화와 그 전달 과정에 영향을 끼치는 기본 요소들에 초점을 맞추는 경향을 보인다.[4] 예컨대 발화의 길이와 인용구의 출처 등이다.

요컨대, '밈'과 '바이럴' 간의 경계선은 흐릿하며, 사실상 많은 비디오들과 이미지들이 두 개념과 동시에 관련되어 있다. (초기에는 바이럴 전파로 시작되어 나중에 많은 파생물들이 만들어진 다). 두 개념을 구별하는 것은 여전히 가치가 있다. 다음 6장에 서는 양 개념의 구별이 어째서 유용한가를 증명하고자 한다. 두 개념의 구별은 사용자들의 **창조적 참여** 경향을 증가시키는 요소들이 아니라, 사람들에게 콘텐츠를 공유하도록 동기를 부 여하는 요인들이 무엇인가를 생각할 때에 특히 유용하다.

6

바이럴과 밈은
어떻게 성공했을까?

이제 밈과 바이럴이 무엇인지를 잘 파악하게 되었으므로 가장 핵심적인 질문에 더 깊이 파고들 때가 되었다. '과연 어떤 특징들이 인터넷 밈들을 더 널리 전파시키고 사람들의 참여를 강화하는 것일까?' 이 질문에 대한 답변은 두 가지로 나누어볼 수 있다. 우선 '바이럴리티' 이슈를 다루고 특정한 콘텐츠 유형을 전파하는 사용자들의 경향성을 분석하겠다. 그다음으로 리메이크, 리믹스 또는 흉내 내기 등 방식으로 콘텐츠에 대한 사람들의 참여를 늘리는 **밈**의 속성에 대해 설명하겠다.

무엇이 콘텐츠를 '바이럴'로 만드는가?

우리는 매일 뉴스, 비디오, 요리법, 우스운 고양이들 사진, 퀴즈, 일기예보 등 놀라운 분량의 정보에 노출된다. 우리는 이 정보들을 대개 그냥 지나치고 말지만, 종종 읽기도 한다. 그리고 가끔 그 정보를 블로그나 트위터에 포스팅해 공유한다. 공유할지 말지를 결정하는 기준은 컴퓨터 스크린 앞에 앉아 있는 개인에 의해 이루어지는데, 연구자들은 이런 공유 행위에서 몇 가지 양상을 발견했다. 조나 버거와 캐서린 밀크먼은 인터넷에서 사용자들의 공유 경향을 증가시키는 특징들을 파악하기 위한 포괄적 연구를 진행했다. 뉴스 아이템의 '확장성'이

중진되는 요인을 분석하기 위해 연구자들은 7000건의 ≪뉴욕 타임스≫ 온라인 기사에 대한 정보 중 신문사의 '가장 많이 이메일을 받은 이야기들' 목록에 초점을 맞춰 분석했다.[1] 이 연구와 특정한 바이럴 캠페인(특히 코니 2012 사례)에 초점을 맞춘 분석을 토대로 삼아, 나는 콘텐츠의 바이럴리티를 증가시키는 밈의 특성을 여섯 개의 P로 분류했다. **긍정성**Positivity, **감정을 고조시키는 자극**Provocation, **참여**Participation, **포장하기**Packaging, **명망도** Prestige, **배치하기**Positioning가 그것이다(이런 특성들은 마케터를 위한 '식스팩six-pack'이다).

1) 긍정성(그리고 유머)

버거와 밀크먼의 중대한 발견 중 하나는 사람들은 부정적인 이야기보다 긍정적인 이야기를 더 공유하려 한다는 것이다. 사람들은 놀랍고, 흥미로우며 실용적인 콘텐츠의 공유를 선호한다. 이런 선호는 온라인으로 콘텐츠를 공유하는 사용자의 동기에서 유래한다. 인터넷 사용자들은 사회적 목적이나 자기표현의 목적으로 공유하기 때문에 타인을 기분 좋게 만들어주는 콘텐츠의 확산을 선호한다. 이 과정에서 사람들은 자신이 긍정적이고 재미있는 사람으로 비치기를 원한다. 아마도 열대의 환경에서 희귀한 코끼리가 쌍둥이를 낳는다는 뉴스는 두 가지 동기를 모두 만족시킬 것이다. 그 뉴스를 받아본 누군가에게 미소를 선사할 수 있고, 또한 그 또는 그녀는 메시지를 보내는 사람을 긍정적이고 희망을 주는 메시지와 연관하여 생각할 것이다.

긍정적 정보를 더 공유하려는 경향은 바이럴 과정에서 유머 콘텐츠가 중심적 위치를 차지한다는 증거들의 증가와도 일치한다. 조지프 펠프스Joseph Phelps와 동료들이 이메일 전달을 연구한 결과, 가장 많이 전달된 콘텐츠는 '농담'이었다. 비슷하게도 가이 골랜Guy Golan과 라이어 자이드너Lior Zaidner의 조사 결과 바이럴 광고 회사가 제작한 광고들 가운데 대다수(90% 이상)는 웃음을 끌어낼 만한 요소들을 포함했다.[2] 일반적으로 긍정적 콘텐츠의 전달은 사회적으로 이득이지만 자기표현에서도 호응을 얻을 수 있다. 이에 더해 유머가 담긴 콘텐츠가 뜻밖의 놀라움을 담고 있다면 공유될 가능성이 더 높다.[3] 이런 '놀라움'은 다음에서 설명하듯이 바이럴의 성공 요소인 '감정적 고조'를 불러일으킨다.

2) '고조된 감정'을 유도하는 자극

버거와 밀크먼의 핵심적 발견은 사람들이 감정을 유발하는 콘텐츠(긍정적·부정적 감정 모두)를 공유한다는 사실이었다. 버거와 밀크먼이 '경탄스러운 이야기들Awa stories'이라고 이름 붙인 밈들에는 긍정적인 흥분감이 내포되어 있다. 이런 밈들은 자신보다 더욱 위대한 어떤 존재를 마주했을 때의 감정적 상승을 경험하게 해준다. 이를테면 경이로운 자연경관, 혁신적인 과학의 발견, 역경을 이겨낸 사람들의 이야기는 "이야!", "와!" 같은 감탄 어린 반응을 유발하는 유명한 사례들이다. 이런 유형의 이야기들은(긍정적 유의ivalence과 고도의 감정적 극이 통합되어 있으므로) ≪뉴욕타임스≫의 뉴스 기사 목록들 단연코 가장 많이 전달되게 마련이다. 그러나 그리 유쾌하지 않은 이야기들도 바이럴로 퍼져나간다. 이런 이야기는 분노와 불안감 등 부정적 감정을 환기시키므로 사람들이 콘텐츠를 공유하게 만든다. 반면 사람들을 화나게 하거나 흥성하게 만드는 것이 아니라 슬프게 만드는 이야기들은 그리 확산되지 못했다. 아마도 슬픔이 비활성적 감정이기 때문일 것이다.

'코니 2012' 현상은 바이럴이 통하려면 고도의 감정적 자극이 필요하다는 전략적 타당성을 분명히 보여준다. 2012년 3월 미국 비영리단체 인비저블 칠드런은 영화를 통해 우간다에서 테러, 고문, 아동학대를 자행한 조지프 코니Joseph Kony의 지배를 멈추게 해야 한다는 주장을 담은 캠페인을 시작했다. 이 영화에는 코니의 군대가 살해한 남자의 동생 제이슨 러셀Jason Russell이 등장한다. 그는 인비저블 칠드런의 창립자이자 영화

감독이기도 하다. 〈코니 2012〉 영상은 그의 어린 아들과 함께 즉시 바이럴 돌풍을 일으켰고, 6일 만에 1억 건의 시청 수를 돌파했다. '코니 2012'가 전파되었던 속도는 인기 있는 팝컬처를 지향하는 히트작들, 예컨대 〈브리튼 갓 탤런트Britain's Got Talent〉의 수전 보일Susan Boyle이나 레베카 블랙Rebecca Black이 부른 엉터리 노래 「금요일Friday」보다도 빨랐다. 코니 캠페인을 성공으로 이끈 요소는 영화 〈코니 2012〉가 사람들을 화나게 했다는 사실과 연관된다. 그 비디오가 담고 있는 코니의 범죄 행위는 너무나도 잔인무도하고, 너무나도 충격적이고, 너무나도 극단적이어서 영화를 본 다음에 무관심한 태도로 일관하기 불가능할 정도였다.

3) 포장하기

밈의 메시지를 어떻게 포장하느냐는 밈의 바이럴 확산에 중추적인 요소다. 버거와 밀크먼은 **분명하고 간단한 새로운 이야기들이** 복잡한 이야기보다 더 쉽게 전파된다는 것을 발견했다. 경험으로 증명되지 않았지만, 이 원리는 밈 장르들의 구성 방식에도 적용될 수 있다. 이를테면 간단한 비디오나 농담은 더 널리 '공유'되는 밈이 될 수 있다. 그 이유는 사람들이 쉬운 비디오와 농담을 빨리 이해하기 때문이다. 또한 타인들이 그 밈에 포함된 코드를 쉽게 풀 수 있다고 추정한다. 여기에서 '코니 2012' 캠페인은 두드러진 사례가 된다. 간명함은 이 비디오에 담긴 문제의식과 해결 방안 모두에서 중심을 이룬다. 조지프 코니는 지구에서 가장 지독한 악당으로 그려진다. 문제가 간단하기 때문에, 해결책 또한 간단하게 제시된다. 정책결정자들에게 영향을 끼치기 위해, 또한 "미국이 그 악당을 물리치고, 더 좋은 세상이 도래할 것이다"라는 표지판이 길거리에 가득 차게 하기 위해 사용자들은 더블 클릭만 하면 된다. 이처럼 간단명료하고 쉽게 이해할 수 있는 메시지는 비디오의 바이럴적 성공에 중대한 요소다. 그러나 동시에 이는 복잡한 상황을 간단한 틀에 끼워 맞추는 행위라고 비판받기도 한다.[4]

4) 명망도

'명망도prestige'는 콘텐츠 출처에 대한 사용자의 지식과 관련이 있다. 새로운 이야기는 이름이 많이 알려진 인물들이 연관되어 있을수록 더 널리 퍼진다. 다시 말해 만약 바이럴로 퍼뜨리길 원하는 이야기를 쓸 때, 당신의 이름이 '빌 게이츠Bill Gates'이거나 '브래드 피트Brad Pitt'라면 그 이야기는 더 쉽게 전파될 것이다. 바이럴 비디오의 확산에는 유명인에게 의존하려는 (그 형태가 약간은 다르지만) 유사한 경향이 분명히 나타난다.

예를 들어 우간다의 반군 지도자 조지프 코니의 악행을 알리는 영화 홍보를 목표로 삼았던 '코니 2012' 캠페인은 유명 인사들이 이 영화의 대의를 공개적으로 지지하도록 자극하는 전략을 사용했다. 트위터 사용자들에게 유명 인사들과 정책 결정자들의 목록을 건네주고 이미 만들어둔 트윗들tweets을 퍼부어 달라고 요청했다. 이선 주커먼Ethan Zuckerman이 "관심 끌기 자선활동attention philanthropy"[5]이라고 부른 이 전략은 오프라 윈프리Oprah Gail Winfrey, 리한나Rihanna, 저스틴 비버Justin Bieber 등 유명 인사들의 공식적인 지지를 얻어냈고, 코니 2012 캠페인에 힘을 실어주었다.

5) 배치하기

버거와 밀크먼에 의하면 콘텐츠 '배치'는 바이럴리티에서 중요한 요소다. 편집자의 결정은 뉴스의 배치를 결정한다. 이 과정을 거쳐 뉴스는 디지털 시간과 공간 속에서 그 위치를 드러낸다. 당연한 일이지만, ≪뉴욕타임스≫ 웹사이트의 눈에 잘 띄는 자리에 긴 시간 게재된 기사들은 다른 자리에서 짧은 시간 게시되었던 기사들에 비해 더 많이, 더 널리 퍼져나갔다.

그렇지만 배치는 바이럴의 확산이라는 맥락에서 더 확장된 의미를 떠안는다. 바이럴의 성패는 소셜 네트워크 내부에서 메시지가 포스팅되는 위치, 특정 행위자들의 활동과 관련되어 있다. 바이럴 마케팅에서 배치하기의 중요성은 '씨뿌리기 전략'에 대한 강조 속에 내재되어 있다. 다시 말해, 메시지를 받을 소비자들을 고른 다음에, 마케팅 초기에 목표가 된 소비자들에게 메시지를 전달하는 것이다. 씨뿌리기 전략에 관한 연구는 '올바른' 사용자에 대한 접근이 바이럴 과정에 결정적 요소임을 보여준다. 많은 개인들과 연결고리를 가진 개인들을 뜻하는 '허브'와 네트워크상의 연결되지 않은 부분을 이어주는 사람들을 뜻하는 '가교들'은 씨뿌리기 작업에서 선호되는 사용자들이다. 이처럼 고도로 연결된 개인들에게 최초의 메시지를 보내는 것은 '일반' 사용자들에게 메시지를 보내는 것보다 더 효과적이라는 점이 밝혀졌다.[6]

몇 가지 사례를 살펴보면, 바이럴 과정을 점화시킬 힘을 가진 것은 유리한 위치에 있는well-positioned 조직화된 활동가들이다. 질러드 로턴Gilad Lotan의 연구에 따르면, '코니 2012' 캠페인은 이 단체의 오랜 지지자였던 헌신적인 구성원들의 네트워크를 통해 처음으로 전파되기 시작했다. 활동가들은 버밍햄, 피츠버그, 오클라호마시티 등 중간 규모의 도시들을 기반으로 삼아 몇몇 지역사회에서 클러스터를 이루고 있었다. 씨앗 네트워크seed networks는 스스로 신실한 기독교 신앙을 가진 젊은 청년들이라고 자처했다. 캠페인이 시작되었을 때 이들은 적

극적 활동을 위해 준비된 상태였고, 겉으로는 마치 자생적인 활동처럼 보이는 캠페인 메시지의 바이럴 전파에 상당한 영향을 미쳤다.[7]

이 장에서 소개한 밈 비디오 사례들은 콘텐츠 배치가 게이트키핑gatekeeping과 전략적 계획에 의해 영향을 받는다는 사실을 보여준다. 이 점을 깨닫는다면 편집자, 광고업자, 활동가들은 콘텐츠를 배치하는 과정에서 중요한 역할을 할 수 있다. 이를테면 뉴스 기사를 적당한 웹사이트에 배치하거나(겉으로는 정형적 통제에서 자유로워 보이지만) 또는 많은 다수와 연결된 개인들에게 그 뉴스를 발송하는 것이다.

6) 참여

이제까지 소개한 다섯 가지 P는 많은 종류의 바이럴 콘텐츠에 적용된다. 마지막 요소인 '참여'는 바이럴을 목표로 삼은 정치적 또는 상업적 캠페인과 더 관련이 있을 수 있다. 이런 캠페인에서 콘텐츠의 특정한 일부를 공유하는 것은 종종 소비를 촉진하고, 선거에서 승리하거나 정권을 바꾸는 등의 다른 결말을 의미하기도 한다. 이 문맥에서 내가 '참여'라고 지칭하는 것은, 만약 사람이 특정한 아이템을 공유할 뿐 아니라 그와 관련된 다른 활동을 이행하도록 고무된다면 바이럴의 보급이 더 발전할 수 있다는 뜻이다.

상업적 캠페인의 바이럴 성공을 검토했던 니클라스 오덴 Niklas Odén과 리처드 라르손Richard Larsson은 사람들에게 '그냥 지나치기'보다 참여하고 영향을 미칠 기회를 제공할 때 캠페인이 성공을 거둘 수 있다고 주장했다.[8] 이선 주커먼도 '코니 2012'가 성공했던 중요한 요인은 소셜 미디어를 통해 개인의 영향력을 발휘할 기회를 제공했기 때문이라고 가정했다. 사람들이 그 비디오를 보고 마음을 움직인다면 정책결정자에게 트위터 메시지를 보내거나 하는 방법으로 자신들의 분노를 표출할 수 있었다. 이런 추가적인 활동들은 사람들의 참여의식에 뿌리박고 있으며, 모든 정치적 캠페인에서 필수적이다.

많은 성공적인 캠페인은 콘텐츠 공유뿐만 아니라 콘텐츠의 아이템들을 재창작하고 필요에 따라 무단으로 콘텐츠를 전유하는 사용자들의 활발한 참여에 의존하고 있다. 랜스 베넷과 알렉산드라 세거버그Alexandra Segerberg는 이런 활동들을 미디어 네트워크에서 "개인화된 콘텐츠 공유"라고 지칭한다.[9] 8장에서는 "우리가 99%이다We Are the 99 Percent"라는 월가 시위 슬로건에 초점을 맞췄다. 이제 슬로건 사용이 어떻게 다양한 콘텐츠로 확장되어 개인적이고 보편적인 표현 방식을 창작했는지 살펴보자. 이와 관련해 "모든 신체는 유일무이하지만 비슷한 환경에 처해 있다"[10]라는 그랜트 미첨Grant Meacham의 말을 참고할 수 있다. 이런 참여의 방식들은 (8장에서 다루겠지만) 바이럴보다는 밈의 관점에서 가장 잘 이해될 수 있다.

무엇이 콘텐츠를 밈으로 만드는가?

어떤 바이럴들은 바이럴로 태어나서 바이럴로 소멸한다. 다른 바이럴들은 리메이크, 패러디, 또는 사용자들이 모방하는 파생적 콘텐츠들을 생산하는 밈 콘텐츠 단위로 진화한다. 이제부터 비디오와 사진들을 살펴보면서 밈이 된 아이템의 특성을 알아보자.

1) 밈 비디오

나는 최근 연구에서 '많은 파생물을 생산하는 유튜브 비디오들이 공통된 특징을 공유하는가? 만약 그렇다면 그 특징들은 무엇인가?'[11]라는 질문을 던졌다. 이 문제에 답하기 위한 첫 번째 단계는 '밈 비디오' 중에서도 특히 많은 양의 파생물들을 만든 유명한 비디오들을 알아보는 것이다. 이를 위해 나는 유튜브의 인기도 측정 기준인 '가장 많이 시청된', '가장 많은 반응을 얻은', '가장 많이 거론된', '좋아요를 가장 많이 받은' 100개의 비디오뿐 아니라 사용자들의 인터넷 밈 재생 목록을 활용했다. 이렇게 밈 비디오 후보군 목록이 작성된 다음에는 어떤 비디오가 수많은 밈 파생물의 생산을 유도했는지를 알아내기 위해서 두 명이 분류 작업을 수행했다. 이런 단계를 거쳐 엄청나게 인기가 많은 30개의 밈 비디오가 연구 대상으로 확정되었다.

첫눈에 보기에 이 밈 비디오들은 겉으로는 관련된 특성들이 전혀 없어 보였다. 그 어떤 공통분모를 찾으려는 시도도 가망이 없어 보였다. 결국 〈춤의 진화〉에서 한 남성의 이상한 춤동작과 〈좀비 키드Zombie Kid〉에서 얼굴에 그림을 그린 남자아이가 "나는 거북이를 좋아해I Like Turtles"라고 말하는 모습을 연결하는 요소는 무엇일까? 또는 〈땅콩버터 젤리를 먹을 시간이야Peanut Butter Jelly Time〉에서 짜증 나는 춤을 추는 바나나와 〈찰리가 내 손가락을 물었어요〉에서 한 소년이 어린 동생의 입에 손가락을 집어넣는 장면을 연결시키는 요소는 무엇일까? 그러나 체계적인 질적·양적 분석을 거치자 그 밈 비디오들이 지닌 공통된 특징들 여섯 가지가 발견된다. '평범한 일반인들', '결함 있는 남자다움', '유머', '단순함', '반복성', '엉뚱한 콘텐츠'가 그것이다.

(1) 평범한 일반인들

유튜브에서 유명세를 얻은 밈 비디오들의 첫 번째 특징은 평범한 사람들에게 집중한다는 점이다. 내가 분석한 인기 있는 밈 비디오 샘플들 가운데 17개는 일반인들이 주인공이다. 오직 여덟 개 샘플(모두 뮤직비디오)에서만 매스미디어의 유명 인물들이 등장한다. 평범한 사람들이 출연한 비디오 샘플들의 '당신다움You-ness'은 그 비디오의 제작에 사용된 재료들의 출처에도 이미 드러나 있다. 30개의 밈 비디오들 가운데 17개는 분명히 사용자들이 제작한 것이었지만, 10개는 기존의 미디어 콘텐츠를 재료로 삼아서 만들어졌다. 그러나 나머지 세 개의 비디오는 그 재료의 출처를 알 수 없었다. 그렇지만 이런 통계치가 샘플 밈 비디오 그룹 가운데 일반인들을 다룬 밈 비디오가 유명인들이 나오는 밈 비디오보다 이점이 있다는 뜻은 아니다. 그러나 밈 비디오 후보들과 샘플 밈 비디오들을 비교해 보면 일반인이 출연한 밈 비디오가 더 인기가 있다는 상당한 증거가 발견된다.

우리는 최초의 밈 풀meme pool에 넣을 후보로 여겼던 비디오들을 다시 분석했지만, 그 비디오들은 충분한 분량의 파생물 생산을 유도하지는 못했기에 샘플 그룹에는 포함시키지 않았다. 널리 시청된 밈 비디오들(22개 비디오 중 19개) 대다수는 유명인들이 등장하는 전통적 미디어가 생산한 것이다. 우리는 샘플 그룹의 비디오들 가운데 파생적 밈 생산을 충분히 유도한 비디오들을 A 그룹으로, 그 기준을 충족하지 못한 비디오들을 B 그룹으로 나눈 다음에 비교를 진행했다. 비교한 결과, 인기 있는 사용자 제작 비디오들은 기업이나 전문가의 손을 거친 비디오보다 더 많은 파생물들의 생산을 유도하는 경향을 보였다. 만일 사용자 제작 비디오들이 일정한 수준의 인기를 확보한다면, 동일하거나 더 많은 조회수를 기록한 전통적 비디오 콘텐츠에 비해 더 많은 파생물을 만들어낼 가능성은 훨씬 높다. 같은 맥락에서, 진 버지스와 조슈아 그린Joshua Green도 흥미로운 점을 발견했다. 유튜브에서 '가장 많이 시청된' 비디오 목록들 중에는 전통적 비디오들이 더 많은 비중을 차지했지만(66%), 사람들은 사용자 제작 비디오들에 더 많이 반응하는 경향을 보였다. 사용자가 제작한 비디오 클립들은 '호응을 가장 많이 얻은', '가장 많이 언급된' 비디오 목록들에서 우월한 인기도를 나타냈다.[12]

그런데 왜 사용자가 만든 비디오가 더 많은 파생적 비디오들의 생산을 유도하는 것일까? 한 가지 확실한 대답은 이런 유형의 콘텐츠 제작이 더 모방하기 쉽고 간단하다는 사실이다(뒤에 설명할 '단순함'을 살펴보라). 그렇지만 사용자 제작 비디오에서 파생적 비디오들이 많이 생산되는 핵심 원인은 비디오에 출연한 주인공들과 관련된다. 즉, 평범한 사람이라도 밈 비디오에 주인공으로 등장해 타인들에게 어떤 실현 가능한 목표를 제시할 수 있는 것이다. 게다가 퍼트리샤 레인지Patricia Lange의 주장처럼 만일 유튜브를 방송 플랫폼으로 여길 뿐만 아니라 '공동체'로 본다면, 유명인이 만든 비디오보다도 사용자 제작 비디오가 더 많은 호응을 얻는 이유를 이해할 수 있을 것이다. 그것은 우리가 친구들과 계속해서 소통하고 있기 때문에 가능하다. 밈 비디오들에 출연하는 주인공들은 그저 평범한 사람들인 데도 불구하고, 기꺼이 범상한 인물이 되고자 하는 경향마저 보인다. 어째서 이렇게 되는지는 곧 살펴보겠다.

우리가 밈 비디오를 제작해서 올리면 친구들은 그 비디오에 담긴 흉내 내기를 평가한 다음에, 과연 어느 정도나 '인터넷 명성'을 얻을 수 있는지 가늠할 수 있는 대답이나 댓글을 달아주는 것이다.

(2) 결함 있는 남자다움

밈 연구를 계획하기 시작한 초반에 젠더는 중요한 요소는 아니었다. 그러나 샘플 비디오들을 확인한 이후 연구 계획에 변화가 필요하다는 점을 느꼈다. 남성들은 30편의 비디오 중 24편에 주인공으로 등장하지만, 여성은 3편에서만 주인공이었다. 그러나 이런 차이가 전통적 남성 헤게모니와 관련이 있음을 뜻하지는 않는다. 여성들이 주인공으로 나오는 3편의 비디오(〈싱글 레이디Single Ladies〉, 〈사우스캐롤라이나 미스틴Miss Teenage South Carolina〉(2007년 미스틴 대회에 출전했지만 잘난 체하며 지식을 과시하려다가 복잡하고 엉뚱한 답변을 내놓아서 악명을 얻었다 _옮긴이), 〈종이비행기들Paper Planes〉)에서 여성들은 현대 서구사회에서 통용되는 전통적인 아름다움의 기준을 고수했다. 반면에 샘플 비디오에 등장하는 대다수 남자들의 생김새나 행동은 남자다움에 대한 일반적 기대치에 미치지 못했다. 24개 비디오에 등장하는 남성 인물 가운데 세 명은(〈스타워즈 키드〉, 〈누마누마〉, 〈화가 난 독일인 꼬마Angry German Kid〉)과체중이었다. 〈작은 슈퍼스타Little Superstar〉에는 왜소한 남자주인공이 나오고, 〈초콜릿 비Chocolate Rain〉에서는 두꺼운 안경을 쓴 남성이 계속해서 땀을 흘렸다. 그리고 게임 〈월드 오브 워크래프트World of Warcraft〉에서는 모든 팀원을 죽인 플레이어 리로이 젠킨스Leeroy Jenkins도 등장한다. 우리가 확보한 샘플 비디오 가운데는 서구적 남성을 대표하기에는 부적절한 남자들이 등장하는 4편의 비디오들도 포함되어 있다. 〈좀비 키드〉, 〈찰리가 내 손가락을 물었어요〉에 나오는 아기 찰리와 그의 큰형, 〈치과에 다녀온 데이비드David After Dentist〉 비디오에 나오는 마취가 덜 풀린 채 웅얼거리는 어린 데이비드, 그리고 〈브리트니를 내버려둬〉 비디오를 촬영했던 크리스 크로커가 있다. 크로커는 매우 공공연하게 감정을 표출하는, 나약한 게이의 모습이다.

이처럼 밈 비디오 샘플들에서는 '남자다움의 결함'이 두드러지게 드러난다. 그러므로 시트콤 등 현대 매스미디어 장르들이 남성을 표현한 방식이 밈을 통해 극단적으로 발현되었다고 볼 수 있다. 이런 장르들은 개인적 삶과 직업적 삶에서 기본적 기능을 수행하는 데 실패한 불완전한 남성들을 보여줌으로써 서구 사회에 스며든 '남자다움의 위기'에 반응했던 것이다. 많은 시트콤은 양면적인 성의 정치학을 특색으로 한다. 즉, 시트콤들은 헤게모니적 남자다움에 대한 반항을 구현하지만 동시에 그 주인공들을 익살의 틀에 가두어 전통적 규범도 강화시킨다.

시트콤에서 관찰되었던 결함 있는 남자다움은 우리가 샘플로 모은 밈 비디오들에서도 나타난다. 그러므로 결함 있는 남자다움은 양가성(兩價性)이 있다. 그러나 시트콤과 달리 인터넷 밈에서는 사용자들이 원본 비디오를 흉내 내면서 예측할 수 없는 다양한 시도들을 감행하기 때문에 원본 비디오에는 없던 새로운 의미들이 추가될 수 있다. 그러므로 원본 비디오를 모방하는 사용자들이 취하는 태도에 대한 연구는 앞으로 매우 중요하다. 다시 말해, 사용자가 결함 있는 남자다움을 내세우는 주인공들을 조롱하느냐 아니면 숭배하느냐는 밈을 재현하는 양식의 함의를 이해하는 데 있어 중요하다.

(3) 유머

미셸 노블과 콜린 랭크시어는 2000년부터 2005년 사이에 만들어진 밈 비디오들 가운데 주된 성공 요소가 유머라는 점을 발견했다.[13] 분석을 위해 노블과 랭크시어는 유머가 넘치는 텍스트들을 두 가지 유형으로 분류했다. 첫째, '엉뚱하며 상황적인 유머'다. 이런 유형의 유머 밈 비디오들에는 춤추는 오소리, 이상한 번역, 괴팍스러운 십대들이 등장한다. 둘째, '통렬한 사회적 논평'인 유머는 다양한 정치적 상황을 해설하기 위해 사용된다.

2006년부터 2008년 사이에 제작된 밈 비디오들을 현시점에서 분석해 보니 유머는 여전히 인터넷 밈의 핵심적 특성이다. 샘플 비디오 30개 가운데 25개에 유머의 요소가 있었다. 그중에서 엉뚱한 상황에서 비롯된 유머가 지배적인 비중을 차지했으나, 통렬한 사회적 비평을 담은 유머의 흔적은 전혀 없었다. 인터넷 밈은 정치 수단으로 확실히 사용되고 있다.

8장에서 자세히 다루겠지만, 인터넷 밈은 정치적 참여를 유도하는 수단으로 사용되고 있다. 그렇지만 극도로 '모방적인' 유머 비디오들이 정치 이슈를 주요한 소재로 삼지는 않는다. 10개의 비디오 클립들에 등장하는 주인공들이 재밌는 연기를 시도하지만, 유머를 자아내려고 열중하지는 않는다(또는 적어도 의도하지 않는 것이 분명하다). 예컨대 동물이나 꼬마들의 우스

쌍스러운 행동을 찍은 비디오는 주인공들이 웃음을 의도적으로 연출하지는 않았을 것이다(예: 〈화가 난 독일인 꼬마〉, 〈브리트니를 내버려 둬〉). 한편, 어마어마한 실수들이 익살맞은 비디오로 제작된 경우도 있다. 이런 종류의 비디오에 찍혀서 실수를 저지른 사람들은 불운하기가 이를 데 없다(예: 〈사우스캐롤라이나 미스틴〉).

희극의 세 가지 속성들은 밈 비디오들에 왜 유머가 넘쳐나는지를 설명하는 듯하다. 그 속성들은 장난기playfulness, 부조화incongruity, 우월의식superiority이다.

· 장난기　　이미 설명했다시피, 샘플 그룹에 포함된 비디오 몇 개는 유머러스한 효과를 분명하게 의도했다. 이 경우에 희극은 장난스러움과 뒤얽히는 경향이 있다. 요한 하위징아Johan Huizinga는 중요하게 평가되는 그의 책 『호모 루덴스Homo ludens』에서 놀이를 제약 없는 활동으로 개념화했다. 놀이를 통해 사람들은 현실에서 벗어나 자신만의 타고난 기질과 함께 일시적 활동 공간으로 들어선다. 마치 게임하기처럼 유머를 스스로 즐기고, 사회적 현상에 대한 다층적인 인식이 수반된다. 그러므로 희극적 장난스러움은 게임에 참여하도록 시청자들을 불러 모음으로써 사용자의 창조성을 이끌어낼 수 있다.

· 부조화   유머의 부조화 이론에 의하면, 코미디는 '여자 옷을 입은 남자' 또는 '춤추는 바나나' 등의 말장난처럼 일치하지 않는 두 가지 요소 사이에 예상치 못한 인식의 맞닥뜨림에서 파생된다. 샘플들에서는 다양한 부조화 형식이 발견되었다. 예를 들면 동물과 병치되어 비교되는 인물들, 남성적 특성을 지닌 여성이 그것이다. 어울리지 않는 구성을 살펴보면 어떤 지배적 요소가 발견된다. 청각과 시각의 텍스트 요소 사이에 존재하는, 근본적이지만 종종 미묘한 부조화가 그것이다. 몇몇의 경우 이런 부조화는 립싱크 형태로(예를 들면 〈누마누마〉) 비디오에 끼워 맞춰진다. 그러나 또 다른 경우 부조화는 어떤 특정한 비디오가 가지는 고유한 텍스트적 요소에서 기인한다. 예컨대 〈초콜릿 비〉 비디오에서 드러나는 부조화는 노래하는 가수의 소년 같은 외모와 저음의 성숙한 남성적 목소리 사이의 대비에서 비롯한다. 〈찰리가 내 손가락을 물었어요〉에는 찰리의 형이 동생 입 속에 자기 손가락을 일부러 넣어 어린 동생이 손가락을 무는 것을 불평하는 부조화적 상황을 담아냈다.

우리가 선정한 밈 비디오 샘플들에 관찰된 두드러진 시청각적 부조화는 두 가지 특징으로 설명될 수 있다. 첫째, '부조화 형식은 비디오라는 매체와 그 매체의 복합적인 감각양식multimodality 위에 구축된다. 즉, 목소리와 이미지를 전달하는 능력, 그리고 창의적인 편집 작업을 통해 목소리와 이미지를 가지고 노는 능력이 그것이다. 목소리와 이미지를 전달하는 능력, 그리고 창의적 편집 작업을 통해 목소리와 이미지를 가지고 놀이를 할 수 있는 능력은 부조화의 형식을 가능하게 만든다. 둘째, 어떤 비디오 샘플들은 우리가 보는 시각적 정보와 우리가 듣는 청각적 정보 사이의 간극을 강조하므로 '부조화dissonance'가 만들어진다. 이런 비디오들을 지켜보는 사용자들은 답답한 나머지 나만의 비디오 버전을 제작하여 그 불협화음을 해결하고 싶은 느낌마저 받는다.

· 우월의식　　비디오 창작자들이 굳이 장난과 부조화를 연출하려고 의도하지 않은 밈 비디오 사례들도 꽤 있다. 그렇지만 무심코 웃음을 자아내는 인물들이 등장하거나 전혀 의도하지 않은 재미난 상황이 담겨 있다. 여기에서 파악되는 유머의 다른 속성(우월의식을 담고 있는 만화와의 관련성)은 원본 비디오를 리메이크하는 과정에서 중요한 역할을 했을 것이다.

우월 이론은 플라톤과 아리스토텔레스가 남긴 글에서 등장했고, 수세기 이후 토머스 홉스Thomas Hobbes도 옹호했다. 이에 따르면 웃음laughter은 "상대보다 한 수 앞섰기 때문에 즐거웠던 경험의 표현"이다(홉스는 다른 사람의 결함이나 불행을 보고 우리 내면에서 갑작스럽게 느껴지는 우월감으로부터 해학이 유발된다고 보았다 _옮긴이). 〈치과에 다녀온 데이비드〉, 〈스타 워즈 키드〉, 〈사우스캐롤라이나 미스틴〉 같은 모방적 비디오들을 따라서 만들어진 비디오들의 인기가 갑자기 치솟았던 이유도 우월 이론으로 쉽게 설명될 수 있다. 어떤 사람들은 수준이 낮다고 여겨지는 타인들의 밈 비디오를 시청한다. 이뿐만 아니라 그 형편없다고 생각되는 비디오를 경멸적으로 모방하면서 즐거움을 찾는다. 그런 방식으로 자신들의 우월 의식을 공개적으로 증명해 보인다.

(4) 단순성

유명세를 얻은 밈 비디오들의 또 다른 지배적인 특징은 단순함이다. 내가 살펴본 30개 비디오들 대부분에서는 주제 또는 아이디어의 단순한 구성 방식이 공통적으로 발견된다(즉, "땅콩버터 젤리 먹을 시간이야"와 같은 그리 복잡하지 않은 아이디어나 슬로건을 전달한다). 또한 밈 비디오들에 반영된 다양한 속성들 가운데 시각적 구성의 단순함은 핵심적 특징이다. 이를테면 거의 모든 비디오들에서 한두 명이 연기를 한다. 심지어 더 많은 참여자들이 등장할 때에도 오직 한두 명에게만 초점을 맞춘다. 대부분의 사용자 제작 비디오들은 나중에 별도의 편집 작업을 거치지 않고 한 번에 촬영되어 업로드되었다. 양적 분석을 거쳐 발견한 또 다른 특징은 비디오의 촬영 장소와 프레임의 간단한 설계다. 예컨대 〈브리트니를 내버려 둬〉 같은 비디오는 평범한 흰색 배경으로 촬영되었고, 〈누마누마〉 같은 비디오는 평범한 가정집을 배경으로 했다. 〈춤의 진화〉 같은 비디오는 텅 빈 무대가 배경이었다.

단순함은 사용자 버전의 밈이 생산되는 과정에 기여하는 중요한 속성이다. 그 어떤 비디오이든 편집되고 리믹스되려면 단순해야 한다. 평범한 사용자들이 가수 에이브릴 라빈Avril Lavigne의 뮤직비디오 〈여자 친구Girlfriend〉에 등장하는 시각적 구조를 그럴듯하게 모방한다는 것은 불가능하다. 그러나 〈브리트니를 내버려 둬〉를 모방하려면 하얀 옷과 카메라, 약간의 재능만 있으면 된다. 단순한 비디오 만들기는 사람들이 그들의 토착어 환경에서 제한된 리소스와 낮은 수준의 디지털 문해력을 가지고도 원본 비디오를 모방할 수 있게 해준다.

(5) 반복성

반복은 단순함을 보완한다. 우리 연구진이 검토했던 샘플들 대부분은 비디오들에서 지겹도록 비디오 클립 전체에 반복되는 하나의 단위를 포함한다. 〈초콜릿 비〉의 지겹도록 반복되는 가사와 멜로디, 〈땅콩버터 젤리 먹을 시간이야〉에서 노래에 맞춰 펄쩍펄쩍 뛰는 바나나, 〈브리트니를 내버려 둬〉에서 여전히 반복되는 크리스 크로커의 애원 등이 중요한 사례들이다. 단순함과 반복성은 사용자 제작 콘텐츠에서뿐 아니라 샘플 비디오 중 전문가가 제작한 몇 가지 비디오 클립들, 특히 비욘세의 뮤직비디오 〈싱글 레이디〉에서도 찾을 수 있다. 하나의 시퀀스로 촬영된 비디오에는 아무 배경 없이 그저 "반지를 껴put a ring on it"라는 가사를 반복하는 가수 한 명과 비욘세를 닮은 복제자 역할을 수행하는 댄서 두 명이 등장한다.

반복성은 비디오 밈을 리메이크하는 활동적 사용자들의 몰입감을 끌어올리는 데 중요한 역할을 할 수 있다. 밈 자체가 복제 가능성에 대한 설득력 있는 예시이므로, 밈은 타인들이 모방 행위를 하는 데 필요한 암호화된 지시를 담고 있다. 게다가 반복성은 비디오 영상들을 보면 잊히지 않고 기억하도록 만든다. 연구 문헌 다수는 밈이 성공을 거두기 위한 중요한 요소로 반복성을 꼽는다.[14] 게다가 〈춤의 진화〉와 〈누마누마〉 등 밈 비디오들에 등장하는 '반복성'은 널리 알려진 공적 인물에 대한 모방과 연결된다. 이런 비디오들은 그 자체로 모방이면서, 다른 이들에게도 모방을 하라고 요구한다.

(6) 엉뚱하고 기발한 콘텐츠

연구진은 밈 비디오들의 테마들에는 섹스, 정치, 직장, 젠더, 인종, 인종별 문화적 특성, 스포츠, 종교 등이 포함되어 있을 것이라고 기대했었다. 그래서 우리가 연구 과정에서 사용한 코드

북codebook에는 테마의 목록들이 길게 있었다. 분류 작업을 맡은 연구자들은 각 밈 비디오를 분석해 해당되는 테마를 다루고 있는지를 표시했다. 이런 과정을 거치자 정작 우리가 가장 기대했던 주제들은 밈 비디오 후보군에는 거의 없었다는 사실이 드러났다. 물론 몇 가지 테마들이 밈 비디오들에 등장했지만, 그 수는 많지 않았다. 이를테면 대중음악(〈춤의 진화〉)와 영화(〈스타워즈 키드〉) 같은 전통적 미디어 콘텐츠, 컴퓨터 세계와 게임 〈리로이 젠킨스Leeroy Jenkins〉(월드 오브 워크래프트의 유명한 캐릭터이다_옮긴이), 〈화가 난 독일인 꼬마Angry German Kid〉 등이 밈 비디오들에 등장했다. 모든 밈 비디오들의 테마들을 통합하여 살펴보더라도, 밈 비디오들 가운데서 두드러진 콘텐츠 유형으로 여겨지는 것은 오직 팝컬처와 관련이 있는 비디오들뿐이다. 그러므로 팝컬처 참조하기referencing는 밈 비디오의 성공으로 이어질 수 있다. 사람들은 정치, 종교, 섹스에 대해 저마다 다른 의견을 가지기 마련이므로 이런 민감한 테마들 가운데 하나가 밈 비디오들에 소재로 포함된다면, 어떤 사람들은 공감하지 못하고 소외감을 느끼게 된다. 그렇지만 유튜브에 밈 비디오들을 올리는 대다수는 유튜브 플랫폼에 늘 머물기 때문에, 그들이 팝컬처를 깨닫고 그 진가를 인식할 것이라는 합리적인 추론이 가능하다.

이런 모방적 비디오들은 팝컬처를 참조하지만, 그 외에도 '구체적인 테마의 결여absence'라는 특징도 공유하는 듯하다.

다시 말해서, 밈 비디오들에는 엉뚱하고 기발한whimsical 경향이 확연히 드러난다(예컨대, 〈좀비 키드〉 또는 〈찰리가 내 손가락을 물었어요〉 등). 또한 밈 비디오들은 일정한 표현 방식을 공유한다. 이를테면 사람들이 놀이를 하고, 공연하는 모습 또는 바보같이 비논리적으로 연기하는 장면들을 담는다. 밈 비디오에서 관찰되는 '장난스러움'과 '구체적인 테마의 결여'라는 특성의 조합은 사실상 장점으로 여겨질 수 있다. 다시 말해, 유튜브 밈들이 앞으로 얼마나 많이 복제될 경향이 있는지 평가할 때 일종의 가늠자가 될 수 있다. 사용자들은 밈 비디오의 텍스트에 내재된 장난기 넘치는 기분playful spirit을 모방하고, 개인적으로 선호하는 새로운 테마를 끼워 넣을 수도 있다.

　모든 밈 비디오가 앞에서 언급한 여섯 가지 특징을 모두 가지고 있지는 않지만, 그 가운데 가장 성공을 거둔 밈 비디오들은 최소한 서너 개의 특징들을 갖추고 있다. 예를 들어 〈강남스타일〉은 여섯 가지 모두를 충족한다. 가수 싸이는 한국에서는 유명했지만, '강남'이 바이럴이 되기 전에는 세계의 다른 지역에서 인지도가 거의 미미했다. 그러므로 강남스타일 비디오 클립은 '평범한 사람들' 항목으로 분류된다. 더구나 '결함 있는 남자다움'의 느낌을 제대로 불러일으킨다. 싸이는 '케이팝K-pop' 분야에서 '별종'이다. 한국의 대중음악 산업에서 활동하는 대부분의 가수들과는 다르게 싸이는 전혀 어리지 않고,

전통적인 아름다움의 기준을 만족시키지도 못한다. 밈 비디오의 세 번째 특징, 즉 유머는 이 과장되고 부조화스러운 비디오의 많은 부분에서 분명히 눈에 띈다. 단순함은 〈강남스타일〉 비디오에 적용하기에 가장 까다로운 속성으로 보인다. 언뜻 보기에도 단순함은 전혀 들어맞지 않는다. 〈강남스타일〉은 매우 풍부한 텍스트로 넘쳐나고, 미장센과 편집 작업에서 볼 수 있듯이 전문적인 제작 스타일을 고수하고 있기 때문이다. 그렇지만 이 비디오가 가진 복잡한 장치 가운데 아주 단순하고 확실한 요소 몇 가지가 눈에 띈다. 예컨대, "강남스타일"과 "섹시 레이디" 등 쉽게 각인되는 단어들, 싸이가 보여준 특이한 말 타는 춤동작이 그것이다. 이런 요소들은 비디오 전체에서 반복되며 복제 가능성replicability을 선전하고 있기 때문에, 밈 비디오의 성공 요건으로서 '반복적인 특성'을 갖추었다고 할 수 있다. 〈강남스타일〉 비디오의 마지막 특색으로 엉뚱 발랄함을 꼽을 수 있다. 이 비디오는 한국어를 전혀 모르는 사람들에게는 암호처럼 들리는 가사와 연관된 아주 유별나고 기이한 상황들을 보여준다. 흥미롭게도 한국인들에게 이 비디오 클립은 사실에 근거한 (그리고 심지어 풍자적인) 틀을 가지고 있다. 부유하고, 성공한 사람으로 보이기를 간절히 갈망하며, 강남이라는 사치스러운 지역의 주민들과 자신을 연결하고 싶어 하는 사람들의 정체성을 다룬다. 그렇지만 가사의 의미는 한국어를 알아야만 분명히 전달될 수 있다. 한국어를 모른다면 귀로 들어오는 가사의 메시지는 유치한 장난조로 들리며, 더 많은 장난기만 이끌어내는 것으로 보인다.

이상에서 성공적인 밈 비디오들의 특징들을 나누어 소개했고, 그 특성들이 함께 하나의 울트라미메틱ultramemetic 비디오 (모방과 확산이 강력하게 일어나는 밈을 의미한다 _옮긴이)에서 어떻게 작용하는지를 실증했다. 그렇지만 이 특징들을 관통하는 하나의 공통된 맥락도 있다. 밈 비디오의 공통된 여섯 가지 특징, 즉 평범한 사람들, 결함 있는 남자다움, 유머, 단순함, 반복성, 엉뚱하고 기발한 콘텐츠는 밈 비디오들의 텍스트가 미완성이거나 결함이 있다는 것을 보여준다. 이러한 특성들을 보여주는 밈 비디오들은 기업들이 (마케팅 목적에서) 제작한 콘텐츠의 화려함을 무시해 버리므로 양자는 뚜렷이 구분된다. 밈 비디오들은 바이럴 비디오와는 상당한 차이점이 존재한다. 내가 연구 초기에 샘플로 포함시켰던 시청률 높은 바이럴 비디오들이 있었다. 그렇지만 그 비디오들은 파생적 비디오의 생산을 충분히 유도하지는 못했기 때문에 연구 대상에서 제외했다. 그렇지만 그 바이럴 비디오들의 텍스트는 대부분 시각적으로 화려했고, 고전 음악, 연예인들이 찬조 출연한 세련된 음악 클립들이 포함되어 있었다.

이상의 분석을 종합해 보면 놀랄 만한 결론이 나온다. 그것은 현대 참여문화에서 '나쁜bad' 텍스트가 '좋은good' 밈을 만든다는 사실이다. 현대 참여문화의 논리는 사용자들의 활발한 참여 활동에 뿌리를 두고 있는데, 밈 비디오들에서 발견되는 미완 성 부분incompleteness은 역설적이게도 흥미를 강하게 잡아끄는 요소textual hook의 역할을 한다. 즉, 밈 비디오의 결점이 오히려 사람들을 더 많은 대화로 이끌고 밈의 성공적인 확산을 가능 하게 한다. 그러므로 겉으로 보기에는 미완성이고, 세련되지 않고, 아마추어처럼 보이는, 이상하기까지 한 밈 비디오들이 오히려 사람들의 관심을 끌어 비디오의 빈 공백을 메우고, 수 수께끼를 풀도록 유도하고, 그 비디오를 만든 사람을 조롱하 라고 부추긴다. 나의 이런 해석은 헨리 젠킨스 등의 학자들이 이미 설명했던 콘텐츠의 확산성spreadability과 결과적으로 일치 한다.[15] 젠킨스는 그 콘텐츠가 가진 '빈 여백'이야말로 디지털 문화 콘텐츠의 확산성을 높이는 요소라고 설명한 바 있다. 젠 킨스 등은 미완성이며 내용의 수정이나 추가가 얼마든지 가능 한open-ended 비디오들이, 존 피스크John Fiske가 텔레비전을 "생 산자적 텍스트producerly texts"라고 평가한 것과 마찬가지의 의미 를 전형적으로 내포한다고 생각한다. 피스크는 텔레비전이 전 달하는 미디어 생산물을 "생산자적 텍스트"로 보았다. 텔레비 전으로 전달되는 미디어 생산물에는 빈 여백과 불완전성이 있 으므로, 시청자들에게 '빈 여백 부분을 채워 넣으라'고 유도한

다는 것이다. 피스크에 따르면 이런 과정을 통해 시청자들은 새로운 의미를 창작하게 된다.[16]

이상의 검토 과정에서 얻어지는 결론은 밈 개념이 가진 근본적인 복잡성 및 탄력성과 관련된다. 나는 밈을 텍스트들로 개념화했다. 다시 말해, 밈 비디오들을 분명한 시각적 레이아웃, 참여자들, 줄거리로 이해했다. 그럼에도 불구하고, 4장에서 설명했듯이, 밈 개념은 애초부터 광범위하다고 생각했기에 사회적 관행들(예: 생일 축하하기 등)과 아이디어들까지 포함시켰다(예: 천국에 대한 믿음 등). 진정으로 이런 밈의 복합적 속성을 염두에 두고서 내가 연구 대상으로 정한 비디오들을 탐구한다면 그 누구라도 밈 비디오들에 대한 높은 수준의 이해에 도달할 수 있을 것이다. 내가 주장하려는 명제는 다음과 같다. 유튜브에서 실제로 복제되는 대상은 **단순하게 반복적으로 콘텐츠를 창조하는 '실행 행위' 그 자체**다. 그 콘텐츠는 타인들이 쉽게 복제하고 모방하기 쉽다는 특성이 있다. 텍스트적 특성들은 타인들이 흉내 내기를 수월하게 만들어주는 촉매제로 작용한다. 이 같은 명제를 아이디어의 영역으로 옮겨와서 적용해 보면 다음과 같은 결론을 얻게 된다. 그 무엇보다도 **밈 비디오들은 참여문화라는 개념 자체를 퍼뜨린다. 참여문화는 사용자에 의해 콘텐츠가 활발히 확산되고 복제되는 문화**이다.

2) 밈 사진들

지금까지 어떤 요소가 사람들이 비디오를 모방하도록 이끄는가라는 질문에 대해 살펴보았다. 이제부터 흔한 포토샵을 활용해 콜라주 형태로 사용자 밈 생산 반응을 엄청난 규모로 유도하는 밈 **사진**들을 향해 비슷한 질문을 던져보려고 한다. 밈 사진들을 조직적으로 모으기 위해 나는 웹사이트 '너의 밈을 알라'의 방대한 데이터베이스에서 '포토샵'을 검색어로 적용했다. 나는 모든 검색 결과를 일일이 살펴본 다음, 밈 사진의 범주에 속하는 대상들만을 분석했다. 이렇게 정리된 50개의 이미지들을 바라보면서 '우리가 이런 사진들에서 반복되는 테마들, 형식들, 입장들을 발견할 수 있을까?'라는 질문을 내게 던졌다. 그렇다. 할 수 있었다. 나는 크게 밈 사진들의 그룹을 두 개로 나누었다. 하나의 그룹은 정치인들이 등장하는 사진들이고, 하나는 다른 테마를 보여주는 사진들이다. 정치적 사진들에 대해서는 8장에서 자세히 알아보기로 하고, 우선 일반인 또는 유명 인물의 사진에 초점을 맞추려고 한다. 나는 밈 사진들이 두 가지 특징, 즉 이미지의 '병렬 배치'와 '정지된 동작'을 널리 공유한다고 본다.

(1) 병렬 배치 juxtaposition

많은 밈 사진의 근본적 특징은 프레임 내부에 위치한 두 가지 또는 더 많은 요소 사이의 충격적인 부조화이다. 더 구체적으로 말하자면, 우리의 눈에 종종 들어오는 것은 주변과의 부조화가 부각되어 외계인처럼 튀는 사람이다. 영국 왕실의 결혼식 장면에 등장하는 〈찌푸린 표정을 짓는 꽃 소녀 Frowning Flower Girl〉는 활기찬 웃음이 넘치는 공간에서 혼자만 짜증스러운 표정을 하고 있으며, 〈재앙 소녀 Disaster Girl〉는 불타는 집 앞에서 카메라를 향해 미소 짓는다.

대조와 비교를 위해 이미지를 병렬로 배치한 사진들은 사람들의 밈 반응을 불러일으킨다. 인물들은 맥락에서 벗어나 있기 때문에 그 인물들을 다른 맥락에 전용 re-appropriation하는 작업은 거의 자연스럽게 여겨진다. 게다가 사진 프레임 속에 이미 자리 잡은 뚜렷한 병치는 원본 밈 사진들을 마치 포토샵으로 편집한 것처럼 보이게 한다. 따라서 사용자들이 포토샵 반응을 하여 밈을 만드는 데 별다른 부담을 느끼지 않게 한다. 원본 밈 사진에 내재된 부조화를 활용하는 사용자들은 두 가지 활동 가운데 하나를 택하는 경향을 보인다. 첫째, 원본 사진이 제시한 병치보다 더 극명한 병치를 통해 부조화와 연관된 조롱을 심화하는 활동이다(예를 들면 〈재앙 소녀〉는 자기 집에 불을 질렀을 뿐 아니라, 9·11 테러 공격을 지휘했다). 둘째, 맥락에 더

그림 7 〈재앙 소녀〉와 밈 파생물(왼쪽), 〈찌푸린 표정을 짓는 꽃 소녀〉와 밈 파생물(오른쪽)

출처: 왼쪽 - http://jpgmag.com/photos/349763/(Dave Roth); http:// wierdwebsites.blogspot.co.il/.

오른쪽 - http://mashable.com/2011/04/30/frowning-flower-girl/; http:// sonictruths.tumblr.com/post/5065937679/frowning-flower-girl-friday.

적절하게 사진 속 인물을 다시 배치해 애초의 부조화를 **약화시키는** 활동이다. 예컨대 〈찌푸린 표정을 짓는 꽃 소녀〉 원본에 뒤이어 생산된 수많은 밈 버전들에서 그 '소녀'는 떠들썩한 무질서로 표현된 상황들의 한복판 속에 다시 배치된다. 월드컵에서 사용되는 시끄러운 부부젤라 소리나 레베카 블랙이 부르는 엉터리 노래 「프라이데이」가 흘러나오는 상황에 직면한다면 참을 수 없는 소음을 피하고자 손으로 귀를 막는 행위는 지극히 당연해 보인다.

어떤 밈 사례들에서는 등장인물과 배경 간의 부조화가 도덕적으로 전혀 올바르지 않은 모습을 자아낸다. 예컨대 밈 사진의 주인공은 타인의 고통을 적극적으로 유발하거나 무시한다. 따라서 눈을 가린 채 묶여 있는 팔레스타인 죄수 옆에서 웃고 있는 사진을 페이스북에 올린 이스라엘 군인 에덴 아바르길Eden Abargil은 4장에서 소개했던 최루액을 뿌려대는 경찰 존 파이크와 상당한 유사성을 보인다. 두 사진 모두 가만히 앉아 있는 사람들과 나쁜 한 사람이 대조되는 장면을 제시한다. 두 사진에 등장하는 불법행위자들은 그/그녀 자신이 초래한 고통들을 전혀 감지하지 못하는 것처럼 보인다. 4장에서 논의했듯이 이런 이미지들에 대한 밈 반응들은 냉소적인 비평부터 장난기가 묻어나는 패스티시pastiche(기존 미술품의 여러 스타일을 차용해 만든 혼성 작품 _옮긴이)에 이르기까지 다양하다.

(2) 정지된 동작Frozen Motion

또 다른 밈 그룹을 보여주는 사진들은 달리기, 춤추기 또는 비눗방울 불기 등 신체적 활동을 포착한다. 이 사진들은 유명인들(예컨대, 리어나도 디캐프리오)과 평범한 사람들(예컨대, 〈비눗방울 소녀Bubble Girl〉에 나오는 소녀)을 모두 대상으로 삼는다. 인

그림 8 **'정지된 채 움직이는(still moving)' 이미지들**

주: 'still moving'은 정지된 사진(still)과 움직이는 영상(moving)을 조합한 단어다 _ 옮긴이.

출처: 첫 번째 – http://www.tumblr.com/tagged/chubby+bubbles+girl.
　　　두 번째 – http://forum.nin.com/bb/read.php?36,1144410,1144471.

물들의 강렬한 움직임은 사진을 통해 포착되는데, 동작은 '시간 속에서 정지'되어 있다.

　정지된 동작 사진들이 엄청난 밈 반응들을 불러일으키는 이유를 간단히 설명하자면 밈 사진들이 다소 우스꽝스러운 자세, 특히 신체 자세를 포착하는 경향이 있는데 그 신체 동작의 어색하거나 볼썽사나운 위치가 사람들에게 재미를 주기 때문이다. 좀 더 자세히 설명하자면 이런 종류의 정지된 동작 사진들은 엄청나게 불안정한 순간을 포착한다. 사람들은 아주 짧은 순간이라도 허공 속에서 정지 상태로 머물 수 없다. 정지된 동작을 보는 사용자들은 겉으로는 미완성처럼 보이는 그 '동작에 동참하여' 그것을 완성하고 싶은 충동에 이끌리게 된다.

바이럴과 밈: 공통점과 차이점

이 장의 주요한 결론은 바이럴과 밈의 주창자들은 동일한 공간에 공존하지 않는다는 점이다. 사람들에게 어떤 콘텐츠 공유를 부추기는 특징들이, 모방과 리메이크 행위를 유도하는 특징들과 반드시 일치하지는 않는다. 이 점을 파악하기 위해 이제까지 소개한 카테고리들을 재평가해 성공 요소들을 ① 바이럴과 밈 콘텐츠 모두, ② 오직 바이럴 콘텐츠, ③ 오직 밈 콘텐츠의 세 그룹으로 나누어 접근해 보자.

세 가지 특징은 바이럴과 밈의 성공 요인 모두와 관련이 있다. **단순한 포장**, **유머**(그리고 더 일반적으로는 긍정적 유의성positive valence은 바이럴의 성공과 관련된다), 증강된 **참여도구**들이 그것이다. 단순한 포장은 밈 콘텐츠의 공유를 더 향상시킨다. 만일 어떤 밈을 빠르고 직관적으로 이해할 수 있다면 그 밈을 타인들과 기꺼이 공유할 수 있다.

단순한 콘텐츠는 모방하기 쉬우므로 밈 반응들을 북돋운다. 유머도 콘텐츠의 공유를 증가시킨다. 익살스러운 콘텐츠를 공유해 친구들을 즐겁게 해주고, 재치 있다고 평가받기를 원하기 때문이다. 유머는 장난스러움, 부조화, 우월의식과 연계되기 때문에 콘텐츠를 모방하거나 리메이크하는 경향도 증가시킨다. 마지막으로 (단순한 콘텐츠 확산뿐만 아니라 추가적으로) 다양한 참여 도구들을 제공하는 것은 바이럴 캠페인에서 효과적이다. 사람들은 행위 주체감과 참여감을 심화하는 '행동 지점'을 갖춘 콘텐츠를 전파하기를 선호하기 때문이다. 참여 도구들을 통하여 '바이럴'은 종종 '밈'으로 전환되지만, 그 전제로서 사용자들이 범용적 콘텐츠를 재전유reappropriate하고, 그것을 자신에게 적합하게 개인화할 수 있어야만 한다. 요컨대, 바이럴이 '밈'으로 이행하는 과정은 사용자들이 보편적 콘텐츠를 다시 활용하고 개인화해 자신만의 상황에 맞게 표현할 수 있기 때문에 가능하다.

다음의 세 기준들은 (밈보다) 바이럴의 성공 요소에 해당되는 것으로 보인다. 그것은 **명망도**, **콘텐츠 배치하기**, **감정을 유**

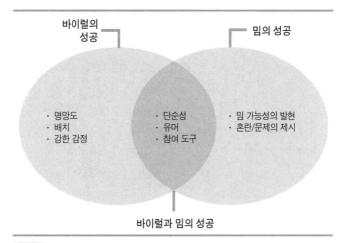

바이럴의
성공

밈의 성공

· 명망도
· 배치
· 강한 감정

· 단순성
· 유머
· 참여 도구

· 밈 가능성의 발현
· 혼란/문제의 제시

바이럴과 밈의 성공

그림 9   바이럴과 밈의 성공 요소

발하는 자극이다. 이런 특성들은 여러 면에서 매스미디어 아이템들을 성공으로 이끄는 잘 알려진 요소들을 떠올리게 한다. 화려한 스타급 배우들이 출연하는 영화라면 성공할 확률이 높고, 황금시간대의 TV 프로그램은 새벽 시간대의 프로그램들보다 시청률이 높을 확률이 높으며, 스릴러처럼 관객의 감정을 강렬하게 자극하는 장르가 많은 관객을 동원할 가능성이 크다. 사실, 콘텐츠를 공유하는 동기는 사람들에게 콘텐츠를 시청하도록 추동하는 동기와 다를 수 있다. 만일, 내가 내 친구에게 어떤 사회적 부당함에 격분하는 영화를 링크로 보낸다면 동시에 내가 가진 도덕적 견해를 메시지로 전달하게 된다. 이처럼 콘텐츠를 공유하려는 동기는 제쳐두고 콘텐츠의 특징 자체에만 주목한다면, 바이럴의 성공을 이끄는 요소들과 매스미디어의 성공 요소들 사이의 유사성은 두드러진다.

창작적 밈 반응을 불러일으키는 요소들은 바이럴 성공의 요소와는 다르다. 지금까지 나의 분석에 따르면 밈 비디오와 밈 사진 모두에서 사용자들의 모방적 반응들을 조장했던 두 가지 요소들은 바로 '밈 가능성의 발현'과 '수수께끼/문제 안겨주기'였다. 비디오에서 밈 반응의 가능성은 **'반복성'**으로 증명될 수 있다. 동일한 테마를 몇 번이고 되풀이하는 반복은 그 비디오가 성공적인 복제 대상이 될 수 있는 가능성을 높인다. 한편 사진들에서 밈 반응의 가능성은 포토샵으로 수정된 듯한 사진의 겉모습에서 찾을 수 있다. 처음의 사진이 이미 포토샵 작업을 거친 사진처럼 보인다면, 사용자들이 추가적인 포토샵 편집과 창의적 수정에 참여하는 행동을 하도록 유도할 수 있다.

밈 사진이나 비디오가 공유하는 두 번째 특징은 창의적인 반응을 통해 풀어야 하는 '수수께끼puzzle' 또는 '문제problem'를 제시한다는 점이다. 이 수수께끼는 종종 밈 텍스트들을 특징 짓는 근본적인 부조화와 관련이 있다. 그 부조화들은 인터넷 사용자들의 개입을 요청하는 것처럼 보인다.

밈의 장르들

이론적으로는 인터넷 사용자들은 모두 자유로운 사고방식의 소유자로서 '디지털 명성'을 열망하는 개인들이다. 그렇지만 실제로는 종래 방식으로 밈을 만드는 경향이 있다. 밈을 창작하는 경로를 '**밈 장르**'라고 생각할 수 있다. 장르genre라는 개념은 "사회적으로 인식된 커뮤니케이션 행동양식"[1]으로 정의된다. 동일한 장르에 속하는 창작물은 구조와 특징들뿐 아니라 주제, 화제, 의도된 관객까지도 공유한다. 장르에 대한 연구는 드라마, 영화, TV 등 하향식top-down 접근 방식의 문화적 인공물, 신랑 들러리가 늘어놓는 말이나 지원서 등에서 발견되는 수사적 화법들까지 포함한다. 최근 인터넷 밈 장르는 우리가 매일같이 마주치는 장르들의 긴 목록의 끝에 추가되었다.

인터넷 밈 장르는 진 버지스가 말한 "토착적 창의성Vernacular"에 뿌리를 두고 있다.[2] 이를테면 인터넷 밈에서 혁신적이고 예술적인 실행은 간단한 생산수단만으로도 가능하다. 비록 토착어의 창의성이 디지털 문화에 비해 시기적으로 앞서서 생겨났지만, 버지스는 뉴미디어가 '거울 앞에서 노래하기'같이 감추어졌던 일상의 실행을 가시적인 팝컬처로 탈바꿈시켰다고 주장한다. 공적 담론으로서 밈 장르는 집단적 정체성과 사회적 경계를 구축하는 데 중요한 역할을 수행한다. 라이언 밀너는 기술적으로는 밈 창작이 점점 더 쉬워지고 있지만(어떤 웹사이트는 6살 아이도 조작할 수 있는 템플릿을 제공한다), 밈을 창조하고 이해하려면 복잡한 '밈 문해력meme literacy'이 필요하다고 지적한다.[3] 나는 밀러의 말에 동의하지만, 각기 다른 밈 장르에는 다른 수준의 밈 문해력이 필요하다는 점을 주장하고자 한다. 즉 어떤 밈들은 거의 모두가 이해하고 창작할 수 있지만, 어떤 밈들의 경우는 사용자가 '디지털 밈 하위문화'에 대해 상세한 지식을 갖출 것을 요구하기도 한다.

내가 고른 아홉 개 밈 장르 목록은 전혀 포괄적이지는 않지만, 지난 10여 년 동안 등장한 주요한 밈 형식들을 살펴보기에 충분하다. 이 장은 디지털 문화를 잘 모르는 사람들에게 소개하려는 목적으로 쓴 것이다. 이미 포챈, 텀블러, 레딧 등 웹사이트에 자주 접속하는 독자라면 이 부분은 읽지 않고 건너뛸 수도 있다.

반응형 포토샵

2000년대 초반부터 편집용 소프트웨어의 사용, 특히 어도비 포토샵은 인터넷 유머의 창작과 떼려야 뗄 수 없는 부분이 되었다.[4] 내가 '반응형 포토샵reaction Photoshops'으로 이름 붙인 이 밈 장르는 6장에서 다뤘던 포괄적인 창작 반응을 불러일으키는 사진들, 즉 **밈 사진들**에 반응해 창조된 이미지들로 구성된다. 반응형 포토샵의 가장 초기 예시는 〈여행하는 사내 Tourist Guy〉이다. 9·11 테러 직후, 세계무역센터 전망대에서 선글라스와 배낭을 멘 남성을 향해 한 비행기가 다가오는 장면을 담은 사진이 인터넷상에서 광범위하게 확산되었다. 이 사진은 곧 거짓임이 드러났다. 사실 이 사진은 페테르 구즐리 Peter Guzli라는 한 헝가리 출신 남성이 1997년에 찍은 본인의 사진을 편집해 몇몇 친구에게 장난으로 보낸 것이었다. 이 장난질이 밝혀지자마자 침몰하는 타이타닉호, 영화 〈매트릭스〉, 백인우월주의자들의 큐클럭스클랜KKK 집회 등 다양한 배경과 역사적 시기를 소재로 삼아 '여행하는 사내'의 사진을 뜬금없이 배치한 반응형 포토샵들이 마치 봇물처럼 쏟아졌다. 반응형 포토샵은 이제는 널리 퍼져 있기 때문에 나는 이책의 다양한 부분들(특히 6장과 8장)에서 다루고 있다.

사진 찍기 놀이

웹사이트 '너의 밈을 알라'에 설명되어 있듯이, 사진 찍기 놀이 장르는 일반적으로 웹에 올리기 위해 다양한 설정을 배경으로 특정한 자세나 행동을 흉내 낸, '연출된 사진들'을 포함한다. 특별한 사진 찍기 놀이는 차렷 자세로 얼굴을 바닥을 향해 누워 있는 비정상적 설정이 특징적이다. 그 사례들로는 '널빠지 놀이', '냉장고에 머리 넣기', '머리 위에 신발 올리기', 앉은 자세로 허공을 바라보는 '올빼미 자세 취하기owling'를 들 수 있다. 3장에서 이미 사진 찍기 놀이 장르를 간단히 분석했다. 사진 찍기 놀이는 곧 소개할 플래시몹과 많은 점에서 비슷하다.

플래시몹

플래시몹은 공공장소에서 불특정 다수가 모여들어 갑자기 특정한 행동을 동시에 하고서 플래시처럼 재빨리 사라지는 것이다. 공적 장소에서 벌어지는 플래시몹의 행동에는 경박하게 춤추다가 갑자기 멈추기, 좀비처럼 걷기, 갑자기 옷 벗기 등 많은 형태가 있다. 플래시몹 모임은 인터넷이나 휴대폰을 통해 조직되고, 비디오로 편집되어 유튜브에 업로드된다.

플래시몹은 2003년 맨해튼에 위치한 메이시스 백화점의 실내 장식용품점에 갑작스럽게 100명이 넘는 사람이 모였을 때 인터넷 현상으로 등장했다. 플래시몹 참가자들은 백화점 점원에게 다가가 자신들이 윌리엄스버그에 있는 창고에서 공동생활을 하고 있는데, '그 위에서 놀 수 있는' 1만 달러짜리 '사랑의 양탄자'를 구매하고 싶다고 말했다. 이 '장난'을 기획한

≪하퍼스 매거진Harper's Magazine≫의 편집차장 빌 워식Bill Wasik
은 플래시몹 장르를 창조했다는 명성을 얻었다. 플래시몹은
뉴욕시와 미국 전체로 빠르게 확산되었다.

비라그 몰나르Virág Molnár는 놀라운 게릴라식 전략으로 순응
적인 '부르주아' 중산층에게 충격을 안겨주는 것을 예술의 목
적으로 하는, 다다이스트Dadaist로 대표되는 20세기 아방가르
드 운동을 이 장르의 뿌리로 보고 추적했다.[5] 예컨대 미국에
사는 정치에 무관심한 히피들과 극단적 신좌파 활동가들의 결
합체로 여겨지는 이피Yippies(미국국제청년당의 당원)들이 정치적
성향이 다분한 플래시몹 장난에 가담했다.

몇몇 이피들은 뉴욕 증권거래소에 들어가 객장 안에 달러
지폐를 뿌리기 시작했다. 잘 차려 입은 중개인들이 지폐를 차
지하기 위해 서로 엉켜서 넘어지자 객장의 거래는 중단되고
말았다.

몰나르의 분류체계에 따르면, 현대적 플래시몹은 여러 가
지 하위 유형을 포함한다. 플래시몹 참여자들 가운데는 정치
에 무관심하지만 소비절제주의자의 모습을 보이는 이들도 있
다. 그들은 소비 지향적인 문화에서 벗어나 즐거움을 느끼기
위해 상업적 사용 및 이익과 대립되는 공적 공간들을 되찾기
를 원했기 때문에 플래시몹에 관심을 기울였다. 그러나 다소
모순적이게도 초기 단계에서 플래시몹 장르는 마케팅 목적을

위해 사용되었다. 예를 들어, 휴대전화 회사 티모바일T-Mobile 은 런던 기차역 앞에서 300명이 춤을 추는 플래시몹을 기획했는데, 결과적으로는 엄청난 인기를 얻은 유튜브 광고가 되었다. 그렇지만 이 광고는 플래시몹의 기본이 되는 원칙인 민주주의, 소비절제주의, 자발성을 전복한다는 비판을 받기도 했다.

립싱크

립싱크 (또는 립덥) 비디오는 개인 또는 집단이 대중음악에 맞춰 입을 움직이는 모습을 담은 비디오 클립이다. 1970년대 이전에 립싱크는 대중음악 공연이나 영화에서 감춰진 기술적 방법으로 널리 사용되었다. 관객이 목소리와 입술 움직임 간의 불일치를 발견하면 안 되었다. 현재까지도 립싱크가 폭로되면 공연하는 가수에게 진실성이 없다는 조롱과 비난이 쏟아진다. 그런데 목소리와 입술의 움직임 사이의 분절을 공공연히 드러내는 수행적 장르인 립덥은 드니스 포터Dennis Potter의 텔레비전 프로그램 〈뜻밖의 횡재Pennies from Heaven〉(1978)에서 처음 시작되었다. 이 텔레비전 시리즈에는 립싱크를 통해 인생의 괴로움에서 벗어나 마법과도 같은 음악의 세계로 들어가기를 원하는 1930년대 세일즈맨이 등장한다. 포터가 이후에 제작한 〈노래하는 탐정 The Singing Detective〉, 〈옷깃에 묻은 립스틱 Lipstick on Your Collar〉, 〈가라오케 Karaoke〉에서 립싱크는 더욱 발전해 등장인물들의 생각과 감정을 드러내는 기법으로 자리 잡았다.[6]

인터넷 특히 개인용 웹캠과 간단한 편집 소프트웨어가 등장한 이후 이 장르의 빠른 대중화가 가능해졌다. 확실히 립싱크는 전 세계에 널리 퍼졌고, 두 가지 하위 장르로 이어졌다. 베드룸 립덥 bedroom lipdubs과 집단 립덥 collective lipdubs이 그것이다. 뒤에서 설명하겠지만, 첫 번째 립덥 장르는 사적인 가정사를 담고 있고, 두 번째 립덥 장르는 대중 활동과 집단에 관련된 내용이 많다.

대부분의 베드룸 립싱크에는 등장인물들은 불과 몇 명뿐인데, 대부분은 웹캠을 세워두고 노래를 부른다. 이 장르의 가장 눈에 띄는 예시는 2004년 가리 브롤스마 Gari Brolsma의 '누마누마 Numa Numa' 댄스이다. 미국 뉴저지에 사는 19살 학생 브롤스마는 루마니아에서 크게 인기를 얻은 댄스 '드라고스테아 딘 테이 Dragostea Din Tei'(보리수나무 아래서의 사랑이라는 뜻이다 _옮긴이)를 자신만의 버전으로 만들어 친구들에게 재미를 주려고 했다. 이 비디오가 다른 사람들도 즐겁게 해줬음은 분명하다. 짧은 기간에 수백만 명이 이 비디오를 보았고, 극찬에 가까운 찬사와 경멸 섞인 조롱 등 수많은 밈 반응을 낳았다. 또 다른 주목할 만한 사례는 2005년 중국 광둥성에 사는 미대생 두 명이 부른 백스트리트 보이스의 히트곡 「난 정말 그러고 싶은걸요Want It That Way」의 립싱크 버전이다. 백돔 보이스Back-Dorm Boys의 립싱크가 선풍적인 인기를 끌자 중국인 듀오는 후속 시리즈를 만들기로 했다. 그들의 인기는 미디어로부터 엄청난 주목을 받았다. 한편, 백돔 보이스가 거둔 성공은 다른 사용자들도 자극했다. 그 결과 상상할 수 있는 거의 모든 히트곡들을 흉내 낸 '베드룸' 립싱크들이 쏟아지기 시작했다. 립덥 뮤직비디오 장르의 밈이 인기를 끄는 이유는 3장에서 다루었던 밈의 원칙들을 연결하여 설명할 수 있다. 베드룸 립덥은 매우 만들기 쉽다. 그리고 오늘날 우리가 '네트워크 개인주의networked individualism' 시대에 살아가고 있음을 강력하게 보여준다. 베드룸 립덥들은 사람들이 특정인의 존재와 재능에 관심을 기울이도록 강조할 뿐만 아니라 립덥을 만든 그 개인이 거대한 디지털 팝컬처의 일부라는 사실도 보여준다.

베드룸 립싱크는 개인주의적인 성격이 있는 반면, 공론장 립싱크public sphere lipsynchs는 많은 사람이 참여하는 집단 창작에 해당한다. 공론장 립싱크는 조직적인 활동으로서 대학 캠퍼스, 사무실 또는 군사 기지를 배경 삼아 만들어지고, 단 한 번의 촬영만을 거친 후 업로드되었다. 2006년 비메오Vimeo를 설립한 제이콥 로드윅Jakob Lodwick은 립싱크의 하위 장르를 '립덥'

이라는 용어로 부르기 시작했다. 로드윅은 "립덥 장르는 아마추어 비디오와 실제 뮤직비디오들을 이어주는 다리와도 같다"라고 설명한다.[7] 집단 립덥은 종종 홍보에 사용된다. 여러 명이 함께 부르는 립싱크는 어떤 대학이나 회사가 "멋지고, 활기차고, 심각하지 않아 여러분이 원하는 그런 종류의 장소"인가를 세상에 보여준다.

두 유형의 립덥에는 모두 참여문화를 특징짓는 '명성'과 '익명성'이 혼합되어 들어 있다. 립덥은 지역사회의 아마추어들이 전문 가수들이 등장하는 매스미디어 히트작들을 (문화적으로) 재활용하는 형태다. 이는 긍정적 모습이고 민주적인 전환으로 볼 수 있다. 반면, 비판적 해석은 립덥이 아마추어와 전문가들 사이에 선을 긋는다고 주장한다. 대부분의 립싱커들은 익명으로 남게 된다. 설령 유명해지더라도 '진짜' 영화나 텔레비전 스타와 같아질 수 없으며, 2급 유튜브 스타로 낙인찍힌다. 게다가, 그레이엄 터너Graham Turner는 디지털 미디어의 성공은 여전히 개인의 역량으로 측정될 수 있다고 본다.[8] 개인이 가진 역량을 전통적 매스미디어와 접목시킬 수 있는지가 관건이다. 따라서, 립싱크 같은 장르는 전통적 미디어 산업에 진정한 대안으로 여겨지지 못한다.

잘못 알아들은 가사

음성학적 번역 또는 잘못 알아들은 노래 가사를 소재로 삼은 밈 비디오들은 원본의 가사를 오역함으로써 발생하는 재미있는 상황을 포착한다. 가사의 진정한 의미가 무엇이든 간에 귀에 들리는 말소리 그대로 음성기호로 표기해 비디오로 만든다(다시 말해, 듣는 사람의 음성학phonetics에 따른다). 가사의 진짜 의미가 무엇인지 간에 그저 귀에 들리는 그대로 노래 가사를 받아 적어 비디오로 만든다(의미를 알 수 없는 외국어 가사의 일부를 듣는 사람이 모국어로 이해하고 엉뚱하게 해석해 전혀 다른 의미가 되는 현상은 몬더그린mondegreen 효과로 불린다 _옮긴이). 닐 시시에레가Neil Cicierega가 일본 만화영화 〈포켓몬스터〉의 엔딩곡「햐쿠고주이치ひゃくごじゅういち」를 더빙하여 제작한 애니메이션 비디오 〈햐쿠고주이치Hyakugojyuuichi〉가 2001년에 선풍적 인기를 끌었다. 그 후 엉뚱한 의미로 들리는 외국어 가사의 음성을 포착하여 재미를 주는 밈 비디오 생산 방식, 즉 애니뮤테이션 animutation은 밈의 장르로서 분명하게 인정되기 시작했다.

이 비디오의 끝부분에 나오는 일본어 노랫말은 평범한 영어 사용자들에게 이렇게 들린다. "내 스웨터를 돌려주지 않으면 기타를 칠 거야Give my sweater back or I will play the guitar." 2001년 이후 몇 년 동안 'animutation' 태그가 붙은 비디오 클립들이

인터넷에 많이 업로드되었다.[9]

나중에는 외국어 노래 가사의 '음성학적 번역'을 이용하는 밈 생산 장르에 또 다른 하위 장르가 생겨났다. 그 이유는 사용자에 의한 밈 조작user-generated manipulation이 더 쉬워졌기 때문이다. 예컨대, 남아시아 또는 동아시아 지역의 언어로 만들어진 기존 비디오 클립에 엉뚱한 내용의 가사를 자막으로 끼워 넣는 식이다.

이 하위 장르는 '버팔랙스buffalax'로 불렸는데, 어느 유튜브 이용자의 닉네임에서 유래했다. 그는 이 장르에서 대표적 비디오로 여겨지는 〈베니 라바Benny Lava〉를 2007년에 유튜브에 업로드한 인물이다. 버팔랙스는 타밀족 가수 프라부 데바Prabhu Deva와 자야 실Jaya Sheel의 노래 「칼루리 바닐Kalluri Vaanil」 가사를 밈 비디오에 음성으로 더빙했다. 그 결과 마치 영어 발음처럼 들리는 타밀어로 채워진 〈베니 라바〉 비디오는 잊을 수 없는 가사로 시작한다. "나의 미친 번bun(빵의 일종이다 _옮긴이)은 괜찮아, 베니 라바! 오늘 종일 약에 취해 있었니? 수녀들이 게이구나."

'잘못 알아들은 노래 가사' 밈 장르는 수많은 언어적 이원체 linguistic dyads를 만들어내면서 빠르게 전 세계로 퍼져나갔다. 심지어 러시아 민요의 발음을 듣고서 인도 남부 지역에서 사용하는 말라얄람어 자막을 넣어 만든 비디오도 있었다. 영어

로 만들어진 노래들도 (비록 언제나 이해된 것은 아니었지만) 인기 있는 창작 소재가 되었다. 예를 들면 비틀스의 「I Want to Hold Your Hand」는 일본어로 발음하면 '바보 같은 방뇨범(あほうな放尿犯, A hōna hōnyō-han)'으로 들렸는데, 그것은 비디오에 일본어 자막으로 들어갔다. 뮤직 비디오 〈The Power〉에 등장하는 유명한 소절 '아브 갓 더 파워 I've Got the Power'를 독일어 '아가테 바우어 Agathe Bauer'로 번역한 비디오가 만들어졌다.[10] 그것은 '시골 여자 아가테'라는 의미다.

영화 예고편 재편집

영화 예고편 재편집 Recut Trailers은 영화 장면들을 짜깁기하거나 리믹스해 사용자들이 만든 '가짜' 예고편이다. 이를테면 영화 〈브로크백 마운틴〉과 영화 〈백 투 더 퓨처〉를 결합한 〈브로크백 투 더 퓨처〉나 〈무서운 메리 포핀스〉처럼 원본과 극적으로 다른 줄거리의 '새로운' 영화를 창조한 것이 예고편 재편집이다. 이를테면 유명한 공포영화 〈샤이닝〉을 아빠와 아들 간의 유대감을 다룬 기분 좋은 가족 코미디로 소개한 예고편이 2005년에 크게 유행했다.

케이틀린 윌리엄스 Kathleen Williams는 영화 예고편을 재편집한 밈 비디오에서 발견되는 몇 가지 모순을 분석했다. 이런 유형의 밈의 존재는 사람들이 영화 예고편에 꽤 익숙하다(심지어 즐기기도 한다)는 사실을 보여주지만, 밈의 관점은 영화사의 마케팅 전략이 지나치게 직설적이라는 점을 꼬집는 비판으로 가득하다. 영화 마케터들은 예고편을 통해서 관객들의 감정을 작동시킬 단추를 누르려고 시도한다. 그러나 영화 예고편을 재편집한 밈 비디오는 정형화된 문구에 기초하는 기계적 방식을 조롱한다. 예컨대 〈죠스〉를 로맨틱 코미디로 각색하여 재편집한 예고편은 공포 분위기가 아닌 "이해할 수 없는 세상에서 …… 희망 없는 곳에서 …… 사랑은 수면 위로 다가온다"라는 내레이션이 흐른다. 재편집된 예고편에 나오는 이런 단어들은 공포영화 〈죠스〉에 대해 우리가 익히 알고 있는 인상과는 다른 부조화를 자아낸다. 이 패러디물은 영화 〈죠스〉의 원본 예고편에 담긴 위기 상황을 지나치게 낙관적인 대본으로 바꾸어버렸다.

영화 예고편 재편집이라는 밈 장르는 웹 2.0 시대에 영화 관객이 팝컬처와 맺는 관계의 양면적 본성을 반영한다.[11] 전문적으로 제작된 예고편은 상업적 목적에 따라 정해진 시간에 공개되고 소비되는 반면, 재편집된 예고편은 '전혀 영화관에 갈' 필요가 없이 영화를 가지고 노는 인터넷 사용자들의 새로운 힘을 반영한다.[12] 패러디된 예고편들은 전혀 홍보하지 않는 듯 보이지만, 실제로는 무엇인가를 홍보하는 셈이다. 즉, 재편집된 예고편의 제작자들이 재능 있고, 창의적이며, 디지털 문해력을 갖추고 있다는 이미지를 심어준다.

롤캣

롤캣LOLCats은 캡션이 들어간 익살스러운 고양이 사진들이다. 그런데 그 영어 철자는 기묘하게 틀려 있다. 롤캣의 진면목은 고양이 사진 속에 제시된 상황과 관련이 있다. 롤캣이라는 명칭은 'LOL laughing out loud(소리를 내어 크게 웃기)'과 고양이 cat의 두 단어를 합성한 것이다. 롤캣은 '이미지 매크로'의 유명한 사례로 볼 수 있다. 이미지 매크로는 사진 위에 텍스트를 덮어씌우는 일반적 형식을 뜻한다. 롤캣 장르의 인기가 급등한 것은 2007년에 시작된 이미지 매크로 포스팅 게시판 '내가 치즈버거를 가질 수 있을까?(http://icanhas.cheezburger.com)' 때문이었다(철자법을 비튼 블로그 스타일의 웹사이트로서 동물들의 재미난 모습을 담은 비디오와 사진 매크로가 업로드된다 _옮긴이).

케이트 밀트너Kate Miltner는 롤캣 밈이 왜 유명세를 얻었는지 이해하려고 롤캣을 사랑하는 사람들을 인터뷰해 롤캣의 매력을 분석했다.[13] 그 결과 롤캣 밈에 관심 있는 사람들이 실제로는 세 그룹으로 구성된다는 점을 발견했다. '치즈프렌지Cheez-Frenz' 그룹은 고양이를 사랑하기 때문에 롤캣을 좋아하며, '밈 긱스MemeGeeks' 그룹은 롤캣 장르가 인터넷 밈들의 거대한 역사 속에서 차지하는 위치를 인정하기 때문에 롤캣을 사랑한다. 마지막으로 '일반 사용자' 그룹은 대부분 '일에 지루함을 느끼는' 사람들이었다.

밀트너는 사용자 그룹마다 롤캣에 애정을 쏟는 이유는 다르지만, 롤캣이 사회적 소속감을 구축하고 유지하기 위해 사용된다는 공통점을 발견했다. 롤캣을 창조하고 즐기는 행동은 롤캣 장르에 대한 친밀감, 그리고 이를 뒷받침하는 특별한 언어인 '롤언어LOLspeak'를 필요로 한다. 롤언어는 복잡하고, 비표준적이며, 아이 같은(또는 고양이와 같은) 영어로 된 인터넷 방언이다. 사용자들은 "인터넷에서 탄생한 첫 번째 언어teh furst language born of teh intertubes"라고 의도적으로 오타를 쓰면서 이 언어를 각별히 여긴다.

롤캣 장르를 즐긴다면 디지털 문화의 지평에 깊이 빠져든 사람들만 이해하는 내밀한 농담에 담긴 달콤한 향기를 이해할 수 있다. 게다가 많은 경우, 롤캣은 대인관계에서 사용되는 의사소통을 목적으로 창조되고 공유된다. 따라서 롤캣은 감정들과 정신적 상태들을 전달하는 간접적 방법으로 사용된다. 롤캣은 흔히 바보 같고 엉뚱한 문화를 나타내는 상징물에 지

나지 않는다고 폄하되기도 하지만, 밀트너의 연구는 롤캣 밈
이 실제로는 다양하고 복잡한 사회적 역할을 충족한다는 점을
보여준다.

스톡 캐릭터 매크로

스톡 캐릭터stock character(전형적인 동물 또는 인물을 등장시켜 그
개성, 말투, 특성을 과장되게 표현한다 _옮긴이)라는 밈 장르는 '충고
하는 개Advice Dog'라는 밈에서 비롯했다. 알록달록한 무지개 배
경에 강아지 얼굴 사진이 배치된 이 밈은 2006년 한 토론 게시
판에 한 남자가 여자에게 어떻게 키스해야 하는지 조언을 구했
을 때 처음 출현했다. 강아지가 "그냥 해Just do it"라고 충고하는
사진이 올라오자 포챈 게시판에는 나쁜 충고를 하는 강아지 사
진을 담은 수많은 밈 파생물들이 쏟아졌다. 이런 흐름은 뒤이
어 '충고하는 동물 밈들advice animal'을 풍성하게 촉발시켰다. 예
컨대 '사회적으로 미숙한 펭귄Socially Awkward Penguin', '용기 있는
늑대Courage Wolf', '총각 개구리Bachelor Frog' 등이 그것이다.[14]

스톡 캐릭터 장르는 보통은 '충고하는 동물' 밈으로 분류되
지만, 언제나 충고를 포함하지는 않는다. 처음에는 주인공으
로 동물들이 주로 등장했지만, 시간이 흐르면서 사람들도 추

가되었다. 한편, 스톡 캐릭터 매크로는 두 가지의 특징을 공유한다. 첫째는 이미지 매크로를 사용한다는 점이고, 둘째는 유형적 인물들의 캐릭터를 바탕으로 구축된다는 점이다. 매크로 캐릭터들의 목록을 일부 살펴보자. '쓰레기 같은 스티브

Scumbag Steve'(비윤리적이고 반사회적이며 책임감 없게 행동한다), 이와 대조되는 캐릭터의 '착한 남자 그레그Good Guy Greg'(자신이 해를 입더라도 언제나 타인을 돕는다), '순진한 대학 신입생Naive College Freshman'(대학생이라는 새 신분에 지나치게 흥분하지만, 대학에서의 사회적 행위규범은 전혀 모른다), '짜증 나는 페이스북 소녀Annoying Facebook Girl'(페이스북이 자신의 사회생활에 미치는 중요성에 지나치게 열중하고, 지나치게 걱정한다), '진보적 여대생Female College Liberal'('헛소리하는 히피Bad Argument Hippie'로도 알려져 있는데, 순진한 동시에 위선적이다), '석세스 키드Success Kid'(일이 잘 풀린 상황을 묘사하는 설명과 함께 만족스러운 미소를 짓는다), '성공한 흑인 남자Successful Black Man'(중산층 부르주아의 행동양식을 보여줌으로써 사람들의 인종차별적 추측을 유쾌하게 뒤집는다).

스톡 캐릭터 매크로stock character macro 대다수는 21세기 부유한 선진국들First World이 내세우는 연출된 도덕성의 실체를 잠시 들여다볼 기회를 제공한다. 스톡 캐릭터 매크로는 과장된 행동 형태를 재현하는 일종의 개념도에 해당한다. 다음에 자세히 설명하겠지만 이런 과장된 행동의 형태는 특정한 집단이 사회생활에서 거둔 성공과 실패에 초점을 맞추는 경향이 있다.

레이지 코믹스

레이지 코믹스은 '분노한 얼굴', 다시 말해 분노한 감정을
표현하는 전형적 인물의 행동을 담아내는 아마추어적 만화를
말한다. 레이지 코믹스 장르는 2008년 포챈에 등장한 네 컷짜
리 만화로 처음 탄생했다. 분노를 이기지 못해 "FFFFFFUUU
UUUU"라고 소리치는 상황에 자주 직면하는 분노한 남자Rage
Guy 이야기를 담았다. 이렇게 탄생한 '분노한 얼굴'이 성공을 거
두자 비슷한 캐릭터들이 잇달아 짧게 등장했다. 그 가운데는 '영
원히 혼자Forever Alone'(친구도 없이 불쌍하고 외로운 녀석), '미 구스
타Me Gusta'('나는 좋아한다'라는 뜻의 스페인어로 즐거움을 표현하는 인
물), '트롤 페이스Troll Face'(사람들을 불편하고 짜증 나게 만드는 행동
을 즐기는 인물), '포커페이스Poker Face'(곤란한 상황에서도 난처함을
숨기는 인물)가 있다.

그 이후 레이지 코믹스는 포챈뿐만이 아니라 다른 커뮤니티
사이트들로 전파되었고, '분노한 얼굴'의 레퍼토리는 더 다양하
고 풍부해졌다. 레이지 코믹스를 누구나 손쉽게 만들 수 있는
웹사이트 '레이지메이커(www.ragemaker.com)'가 구축되자 레이
지 코믹스는 더 대중화되었다. 사용자들은 기존의 등장인물들
을 재이용해 쉽게 레이지 코믹스를 창작하게 되었다. 그럼에도
불구하고 라이언 밀너가 지적했던 것처럼, 사용자들의 디지털

그림 11 **레이지 코믹스**

'분노한 남자' 밈은 포챈 커뮤니티의 /b/게시판에 올라온 유명한 레이지 코믹스
이다. 주인공이 당황스러움, 분노를 느꼈던 상황을 보여준 다음 '한번 해보는 거
야' 또는 '도전을 받아주마'라는 의미의 "Challenge Accepted"라는 독백으로 끝
난다 _옮긴이

출처: https://fuckyeahchallengeacceptedguy.tumblr.com/page/2

문해력은 분노 담론에 참여할 정도로 충분하지는 않았다. 분노 담론에는 하위문화에 대한 문해력도 요구되었다. 그것은 레이지 코믹스 밈이 기초로 삼는 하위문화에서 개발된 코드나 규범에 대한 지식을 의미했다. 언뜻 보기에 간단한 네 컷짜리 만화 같지만, 레이지 코믹스를 창작하려면 등장인물에 대한 지식을 충분히 갖추고 있어야 하며, 스토리 속에서 그 인물들을 적절히 활용할 수 있는 적합한 방법들도 알아야만 한다.

레이지 코믹스와 이미지 매크로는 비록 그 구성방식은 다르지만 비슷한 테마를 사용한다. 라이언 밀너의 분석에 따르면, 이런 밈 장르들은 사회생활에서 경험하게 되는 승자와 패자라는 핵심적인 테마에 초점을 맞추는 경향을 보인다. 밀너는 이 밈들을 각각 '실패Fail' 밈, '빌어먹을What the fuck' 밈, '성공Win' 밈으로 분류했다. '실패'는 사회적 무능, 난처한 상황, 불행한 시간들을 나타낸다. 그리고 이는 특별한 등장인물(예를 들면 '영원히 혼자'와 '사회적으로 미숙한 펭귄') 또는 개인적 실패의 순간으로 끝나는 많은 레이지 코믹스의 서술구조로 구현된다. 많은 레이지 코믹스에서 실패는 기이하고 괴짜 같은 젊은이가 겪는 로맨스의 결핍을 다루고 있고, '넷 하위문화들net subcultures'과 연관되는 경우가 많다(특정한 일부 온라인 커뮤니티에서 공유되는 독특한 문화로서 보편적 가치관과 거리가 있다 _옮긴이). 레이지 코믹스의 포스터들은 종종 이런 밈들과 함께 '오늘 내게 생긴 일' 등의 해설을 수반한다.[15] 그러므로 밈을 '엽기적인 실패의 경험을 공유하기 위한 수단'으로 사용한다. '뭐야, 씨발WTF: What The Fuck' 밈은 자신이 아닌 타인들에게 생겨나는 실패의 예시들과 연관되어 있는데, 주인공들은 'WTF?'라는 혼잣말을 끝도 없이 중얼거린다.

WTF 밈들은 '타인들'을 외부 그룹out-group이라는 프레임에 가둔다. 외부 그룹에 속한 그 타인들은 무지하며, 안목이 없으며, 읽고 쓸 줄 모르는(특히 디지털적으로 그러한) 사람들이다. 마지막으로 '성공' 밈들은 주인공이 '영원히 외로운 운명a Forever Alone Fate'을 탈출하는 성공적인 사회적 상호작용들과 일상에서 거두는 자잘한 승리들을 소재로 삼는다.[16]

사용자 제작 콘텐츠의 복잡한 세계를 탐험하기 위해 나는 우선 아홉 개의 주요 인터넷 밈 장르를 소개했다. 이 분석을 통해 분명히 알 수 있듯이 몇몇 장르들은 이미 깊이 분석되었고, 다른 장르들은 거의 학문적 관심을 받지 못했다. 그러나 밈 영역에 대한 깊이 있는 이해를 위해 이런 장르들에 대한 통합적이고 상대적인 분석이 요구된다. 이 조사에서 퍼져 나온 최초의 관찰에서 얻은 결론은 밈 장르는 세 가지로 분류될 수 있다는 사실이다. ① 사진의 유행이나 플래시몹 같은 '실생활'의 순간적 기록에 기초하는 장르들이다. 이런 장르들은 언제나 추상적이지 않은 구체적인 비디지털 공간들에 단단히 기반을 두고 있다. ② 시각적 또는 청각적 매스미디어 콘텐츠를 **노골적으로 조작**하는 장르들(포토샵 반응, 립덥, 엉뚱한 가사 해석, 영화 예고편 재편집하기 등)에 기초한 밈들이 있다. 이런 밈들은 '리믹스' 밈들로 분류될 수 있다. 리믹스 밈들은 뉴스나 인기 있는 문화적 아이템들을 종종 재전유한다. 이와 같은 변형된 작업물은 현대 팝컬처를 향해 황홀감과 비판 등 다면적인 태도들을 드러낸다. ③ **디지털 콘텐츠와 밈 지향적 콘텐츠로 구성된 새로운 세계**의 주변부에서 진화한 장르들(롤캣, 레이지 코믹스, 전형적 인물 매크로)이다.

2007년 이후에 본격화된 밈 장르들은 오직 '상황을 익히 잘 아는 사람들'만이 해독할 수 있는 복잡한 기호들의 신개발품들로 가득하다. 그러므로 사용자들이 롤캣을 창작하고 이해하려면 롤언어에 통달해야만 하고, 레이지 코믹스를 제작하려면 넓은 범주의 새로운 상징에 친숙해져야만 한다. 그러므로 레이지 코믹스 장르들은 라이언 밀너가 "밈 하위문화meme subculture"라고 일컫는 현상과 강력하게 연결되어 있다. 밈 하위문화는 포챈, 텀블러, 레딧 등 특정 웹사이트에서 활성화되고 있다. 아홉 개 밈 장르 모두가 여전히 활기차게 생산되고 있으므로, 하위문화에 속하지 않는 사용자들이라도 여전히 인터넷 밈들을 창조하고 소비하기 위한, 넓은 스펙트럼의 선택지를 가지고 있다고 할 수 있다.

정치참여로서의 밈
"엄청난 포스가 함께하길"

웹은 물리학자들이 연구 자료들을 공유하기 위해 발명되었다. 웹 2.0은 고양이들의 귀여운 사진들을 공유하기 위해 발명되었다. 웹 2.0 도구들은 일상생활에 쓰려고 개발되었으나, 언론의 자유가 제한된 여건에서는 디지털 활동가들에게 매우 강력한 도구가 된다(이선 주커만, 「디지털 행동주의의 귀여운 고양이 이론」).

이 장에서는 귀여운 고양이들과 열성적 정치가 새롭게 혼합되는 지점에 초점을 맞추겠다. '정치적 밈'이 바로 그것이다. 넓은 의미에서는 권력의 사회적 구성, 좁은 의미에서는 거버넌스 시스템인 정치는 인터넷 밈의 구성과 소비에 깊숙이 연관된다. 이제부터 민주적 환경과 비민주적인 환경 모두를 들여다보면서 정치참여 형태를 띠는 밈들을 살펴볼 것이다. 이런 검토 과정은 인터넷 밈과 인터넷 유머 간의 차이점을 명확히 밝혀줄 것이다. 일부 정치적 밈들은 유머러스하지만, 어떤 정치적 밈들은 더없이 심각하다. 그러나 그 감정적인 변조와 무관하게 정치적 밈들은 주장을 펼치려고 한다. 즉, 세상이 어떻게 변화해야 하고, 그렇게 되려면 가장 바람직한 방법이 무엇인가에 대한 규범적 논쟁에 참여한다.

일반적 프리즘을 통해 내가 살펴본 정치적 밈의 대상은 '정치참여'로서의 밈이다. 참여에 대한 전통적 정치학은 선거 또는 정치조직에 참여하는 등 쉽게 측정될 수 있는 실행 방식들에 초점을 맞춘 반면, 최근에는 정치참여에 대한 인식이 정치 블로그에 댓글을 남기거나 정치인들을 소재로 삼은 농담 포스팅하기 등 일상적 활동으로 더 확장되었다. 넓게 보면 무엇이 정치적 참여를 구성하는지에 대한 인식 변화는 인터넷과 다른 디지털 미디어의 성장과 긴밀하게 연관된다. 뉴미디어는, 특히 이제까지 공식적인 정치에 참여하는 일이 가장 적었던 젊은 시민들의 참여 활동을 촉진시키는 호소력 있는 편리한 방법들을 제시한다.[1]

현대 정치에서 뉴미디어의 중심성은 2008년 미국 대선 캠페인에서 유감없이 증명되었다. 최초의 '웹 2.0 캠페인'으로 알려졌던 2008년 대선 캠페인을 치르는 동안 정치적 성향의 사용자 생산 콘텐츠가 어마어마한 규모로 쏟아졌다. 유튜브, 페이스북과 같은 소셜 미디어는 이런 선거에서 중요한 역할을 담당했고, 모든 선거의 후보자들, 특히 버락 오바마Barack Obama에 의해 최대치로 이용되었다. 그의 선거 캠페인에서 디지털 미디어의 창의적인 이용은 다면적이고 전례 없는 방식으로 지지자들의 참여를 이끌어냈다.

뉴미디어는 하향식 접근 방식의 정치 캠페인에서뿐 아니라 풀뿌리 기반의 사회적·정치적 활동들에서도 중추적인 역할을 담당한다. 2011년 ≪타임Time≫은 전 세계에서 찾아볼 수 있는 대규모의 거리 '시위자'들을 '올해의 인물'로 선정했다. 거리 시위는 튀니지, 이집트, 그 외 다른 국가에서 부패한 독재정권을 무너뜨리려는 '아랍의 봄'과 함께 시작되었다. 머지않아 대규모 시위는 모방되기 시작했다. 뉴욕, 모스크바, 마드리드, 텔아비브에서 수백만 명의 사람들이 부패한 정권과 불평등에 맞서 거리를 점령했다. 비록 시위자들은 각각 다른 동기와 목적으로 시위에 가담했지만, 이 모든 경우에 시위자들은 조직·설득·동원을 위한 뉴미디어의 광범위한 사용을 이끌어냈다.[2]

밈과 바이럴은 웹 기반 정치 참여활동이라는 새로운 차원의 캠페인 방식에서 중요한 역할을 맡기에 이르렀다. 그 중요성은 하향식 정치 캠페인과 상향식 풀뿌리 캠페인 모두에서 확인된다. 이 장에서 나는 인터넷 기반의 정치적 밈들이 세 가지 중첩된 기능들을 수행한다는 점을 제시하겠다.

(1) 설득 또는 정치적 지지 형태로서의 밈　　최근 진행된 선거 캠페인에서 광범위하게 사용된 밈은 그 설득 능력을 입증했다. 뒤에서 언급하겠지만 정치적 영향력을 다룬 연구물들 대부분은 바이럴의 영향력과 확산 패턴을 측정하려는 시도에 초점을 맞췄다.

(2) 풀뿌리 운동으로서의 밈　　랜스 베넷과 알렉산드라 세

거버그가 제시한 디지털 '연결행동connective action' 개념[3]을 기반으로, 시민들이 협력하는 활동에 권한을 부여하고, 개인과 정치를 연결시키는 밈의 주요한 역할을 살펴보고자 한다.

(3) 표현과 공적 토론 방식으로서의 밈   밈 생산은 개인들이 정치적 의견을 표출할 수 있는 접근 가능한 수단이자 비용도 적게 드는 즐거운 방법이다. 그 결과, 지난 몇 년 동안 일어난 주요한 정치적 사건들은 그것을 소재로 삼은 최신의 밈 흐름들을 만들어냈다. 라이너 밀러의 개념에 의하면 밈들은 다성적 표현polyvocal expression의 공간을 구성하고, 그 공간에서 다양한 의견들과 정체성들은 절충을 거치게 된다고 보았다. 나는 밀러의 밈 개념[4]에 의지하여 '밈 기반 담론들'의 최근 사례들을 살펴볼 것이다.

정치적 밈의 세 가지 기능은 민주적인 맥락과 비민주적인 맥락 모두에서 나타난다. 이 장의 말미에서 상술하겠지만, 인터넷 밈은 비민주적 환경을 **민주적으로 전복**democratic subversion할 수 있기에 중요한 의미가 있다.

설득으로서의 밈 (그리고 바이럴): 2008년 미국 대선 캠페인

2008년 미 대선 무렵 온라인 캠페인 활동이 활기차게 진행되었다. 그 세계에서는 홍보용 시각·영상 콘텐츠를 보고, 유포하는 활동이 매우 흔했다. 〈오바마 소녀Obama Girl〉, 〈와섭 Wassup〉, 〈그래 우리는 할 수 있어Yes We Can〉와 같은 비디오 클립들은 수백만 명의 시청자들을 사로잡았고, 대중과 학계로부터 상당한 주목을 받았다. 정치적 바이럴에 대한 관심은 이런 유의 비디오들이 미치는 영향력이 상당하다는 가정에서 비롯되었다. 1950년대 초반 엘리후 카츠Elihu Katz와 폴 라자스펠드 Paul Lazarsfeld의 연구는 이웃, 가족, 지역사회 구성원들이 말하는 정치적 논평에 사람들이 귀를 기울인다는 사실을 보여주었다.[5] 두 연구자는 바이럴이 미치는 개인적 영향이 설득에 있어서 중심적 측면이라는 사실을 발견했다. 바이럴은 매스미디어가 전달하는 메시지보다도 더 중요하게 여겨지고 있었다. 그렇다면 사람들이 방송에 나오는 정치적 광고보다 친구들이나 동료들이 전달하는 정치적 광고를 더 우대하는 모습은 놀랍지 않다. 게다가 사람들은 바이럴리티 자체가 설득력이 크다고 여긴다. 무엇보다 그대로 드러나는 '조회수'는 다른 사람들도 이미 그 바이럴 콘텐츠에 흥미를 느꼈다는 사실을 시청자들에게 말해주기 때문이다.

바이럴 비디오가 가지는 상당한 정치적 영향력을 수긍하더라도 그 출처, 콘텐츠, 확산 패턴에는 여전히 많은 의문점이 남아 있다. 트래비스 리두Travis Ridout는 2008년 미국 대선 캠페인 이후에 생산된 방대한 정치적 비디오들을 분석했다. 그는 과연 유튜브가 새로운 목소리와 표현 형식들을 정치 과정 속에 진입하게 만들었는지를 검증하고자 했다.[6] 이론적으로는 누구든지 정치적 바이럴을 창작할 수 있다. 하지만 실제로 그러한가? 선거를 테마로 택해 만들어진 유튜브 비디오 클립들 가운데 조회수가 1000번을 넘긴 3880개 비디오에 대한 분석은 흥미로운 결과를 보여주었다. 한편으로 연구자들은 정치적 비디오 클립들의 압도적 다수가 전통적 활동가들에 의해 업로드되었다는 점을 발견했다. 거의 대부분은 공식 캠페인이었다.

그러나 각 비디오 클립의 조회수 데이터를 분석한 결과, 비전통적 정치 활동가들이 보이는 강한 편향성이 발견되었다. 다시 말해 전형적으로 정당 후원을 받은 광고는 평균 5만 5000회의 조회수를 기록하고, 선거 후보자들의 지원을 받은 전형적인 광고물은 6만 회의 조회수를 겨우 넘긴 반면에, 이익집단의 후원을 받은 광고는 13만 9000회의 조회수를 기록했고, 시민들이 만든 광고는 80만 7000회의 조회수를 기록했다. 그리고 나머지 독립적 생산 주체들(대부분은 미디어회사, 작은 언론사, 블로거 그룹 또는 소규모 비디오 생산 그룹)이 만든 광고는 평균 250만 회가 넘게 시청되었다. 이 발견은 가장 널리 퍼져 나간 바이럴 비디오들의 통계를 통해 입증되었다. 오직 20%의 비디오만이 캠페인 참여자들에 의해 만들어졌다. 그것은 결코 전형적인 광고물이 아니었고, 누군가가 편집한 비디오 클립들이었다(예컨대, 오바마가 〈엘런 디제너러스 쇼Ellen Degenres Show〉에서 춤추는 모습).

그렇지만 이와 같은 바이럴 비디오들이 '카메라와 대의명분만으로 무장한 한 명의 시민으로부터' 생산되지 않았음을 알아차리는 것이 중요하다. 2008년에 바이럴 비디오를 생산했던 이익집단과 다른 비전통적인 행위자들은 자금과 사회적 자원을 제공받았다. 풍부한 여력을 갖춘 그룹이 만든 비디오 클립들은 전문 미디어 콘텐츠의 흔적이 드러났다.

예컨대 대선 캠페인 기간 동안 가장 많은 영향력을 주었다고 평가되는 뮤직 비디오 〈그래 우리는 할 수 있어〉는 오바마를 지지하는 예술가 그룹이 만들었다. 이 비디오는 두 종류의 이미지를 결합시켰다. 그것은 뉴햄프셔 예비선거 이후 오바마가 연설하는 TV 속 모습과 오바마를 정치적으로 지지하는 스칼렛 요한슨Scarlett Johansson, 케이트 월시Kate Walsh, 카림 압둘자바Kareem Abdul-Jabbar 등 유명인들의 이미지들이다. 이 비디오 클립들은 단순한 검정색을 배경으로 촬영되었지만, 힙합 아티스트 윌아이엠Will.i.am과 제스 딜런Jesse Dylan 감독, 롤프 케스터만Rolf Kestermann 촬영 같은 전문가들의 손을 거쳐 깔끔하게 제작되었다.

이 비디오가 성공을 거두자 케빈 윌스턴은 전파성을 강화했던 요소와 행위자를 탐구했다.[7] 그는 오바마 캠페인의 구성원들이 이 과정에서 중요한 역할을 했음을 발견했다. 그들의 발언은 조회수뿐만 아니라 블로고스피어Blogosphere에서 이루어진 토론 분량에도 상당한 영향을 끼쳤다.

〈그래 우리는 할 수 있어〉 바이럴 비디오는 오바마 선거 캠페인의 공식 홍보물로 제작된 것도 아니었으나 공식 캠페인에 포함되자 입소문이 났다. 블로거들은 이 비디오 클립을 확산시키는 데 핵심적 역할을 했다. 블로그에 게재한 비디오 클립 하단에 달린 댓글들은 인터넷 사용자들과 기자들의 관심을 끌었다. 윌스턴의 연구는 정치 콘텐츠의 전파에서 정치 블로그들이 핵심적 역할을 한다는 것을 입증했다. 이것이 긍정적인 발견으로 보일 수도 있을 것이다.

반면 바이럴리티에 영향을 미치는 블로그 유형들에 대한 심층적 대량 분석은 블로고스피어에도 분명한 위계구조가 있음을 보여준다. 캐린 나혼과 그 연구진은 1만여 개 블로그들과 1만 3000건에 이르는 블로그 게시물에 대한 데이터를 분석해 미국 대선 때 성공을 거둔 바이럴 비디오 65개와의 연관성을 분석했다.[8] 그 결과 '엘리트 블로그'와 '일반 상위'로 분류되는 소규모 블로그 그룹들이 바이럴 전파과정을 유발한다는 점을 발견했다. 엘리트 블로그들이 비디오를 링크하고 여기에 바이럴이라는 '왕관'을 씌우면, 정치적 블로그나 '꼬리' 블로그들tail blogs은 그 권위를 추종하는 경향을 보였다. 따라서 캐린 나혼의 연구는 영향력이 큰 행위자들이 모인 소규모 그룹들이 바이럴 전파 과정에서 거대한 영향력을 초래할 수 있음을 증명했다.

정치적 행위와 담론으로서 밈: '월가를 점령하라'와 밈 사진들

설득과 정치 캠페인 맥락에서 바이럴 비디오를 분석하는 접근은 이른바 '평등주의자들의 영역egalitarian sphere'에서 권력이 작동하는 방식을 조명하는 경향이 있다. 반면, 정치적 행동으로서 밈을 분석하면 **시민 권한부여**citizen empowerment라는 측면에서 밈의 역할을 강조하는 경향이 있다. 랜스 베넷과 알렉산드라 세거버그[9]는 과거 10년간 활동가들의 조직적 운동을 분석한 끝에 현대의 디지털 정치 행위를 지배하는 두 가지 유형의 논리(또는 구조적 원리)를 발견했다.

첫째 논리는 집단행동collective action을 설명하는 '구식' 논리로 익히 알려져 있다. 이 논리는 고도의 조직적 자본, 집단적 정체성의 형성과 관련된다. 인터넷은 집단행동의 참여를 더 쉽게 만들어주었지만, 구식 논리를 근본적으로 변화시키지는 않았다. 예컨대 그린피스 같은 비영리단체는 뉴미디어를 활용해 상당한 이익을 얻었지만, 여전히 충성스러운 지지자들과 '오프라인' 자원에 의존한다. 그러나 최근에는 정치적 행동의 또 다른 구조가 전 세계에 널리 유행하게 되었다.

둘째 논리는 '연결행동connective action'이다. 이 행동은 미디어 네트워크를 통해 공유된, 개인화된 콘텐츠에 기초한다. 연결행동은 공식 단체들의 영향력이 점차 감소하고, 사람들과 집단 간에 존재하던 강한 결속력이 대규모의 유동적인 소셜 네트워크로 대체되는 시대에 창발했다. 더 많은 사람들이 네트워크로 연결된 동료들과 함께 그들의 의견이나 비판을 공유함에 따라서 기술 플랫폼들은 기성 단체들의 자리를 차지하기 시작한다. 스페인 정부의 긴축재정 정책에 항의하여 시작된 '분노한 사람들Los Indignados' 또는 뉴욕 월가의 시위대들은 그 어떤 강력한 기존 조직의 지원도 받지 않았다.

밈은 이처럼 연결행동에서 중요한 역할을 담당한다. 광범위하고 다양한 사람들에게 쉽게 전달되어 공유된 슬로건은 수천만, 수백만 명을 가담하도록 자극하는 데 필수적이다. 베넷과 세거버그가 발견한 사실은 이런 캠페인들의 힘은 일반적 메시지나 슬로건들이 단일한 방식으로 전파되지 않는다는 점이다. 캠페인 참여자들은 자신의 이야기를 각자 전달하므로 슬로건들은 개인들에 의해 각색되고 개인화된다. 환경보호와 부의 공정한 분배에 기초한 경제 시스템을 소망하는 시민사회 플랫폼 '사람이 먼저다Put People First'의 사례를 살펴보자. 이 웹사이트는 방문자들을 '당신의 메시지를 G20에 보내세요Send Your Own Message to the G20' 활동에 초대했다. 웹사이트 중앙의 메가폰 그림 아래에 글을 쓸 수 있는 공간을 마련했다. 이 웹사이트의 방문자들은 기억하기 쉬운 슬로건 "사람이 먼저다"를 자신들의 처지와 연결 지어서 받아들였다. 이와 비슷한 과정은 '우리가 99%이다'라는 밈에서도 발생했다. 이에 대해 간단히 살펴보자.

베넷과 세거버스의 분석은 **밈이 개인과 정치 사이에서 중심적 연결고리의 역할을 한다**는 인식에 기초한다. 밈은 변형을 요구하는 공유 구조에 기초하기 때문에 시민들은 밈을 통해 각자의 개별성을 유지하면서도 공적·집단 행동에도 참여할 수 있다. 그러므로 '연결행동'에서 밈은 정치적 선언을 담당하게 된다. 이것은 내가 3장에서 밈들과 네트워크 개인주의 간의 호환성compatibility이라고 설명했던 내용이다. 정치적 밈들의 개인화가 밈을 전파하는 개인들에게만 유익한 것은 아니다. '99%'의 사례에서 설명하겠지만 개인화된 밈들은 또한 정치적 활동들에서 수사법으로도 사용된다.

월가를 점령하라 2011

밈들이 풀뿌리 '연결행동'에 미치는 광범위한 역할은 미국의 사회적·경제적 불공정함을 비판하는 '월가를 점령하라' 시위에서 분명하게 나타났다. '월가를 점령하라' 시위와 밈 활동들을 연결했던 강력한 고리는 시위를 시작한 사람들의 정체성에 뿌리를 두었다. 그들은 반소비주의를 지지하는 캐나다 잡지 ≪애드버스터스Adbusters≫의 편집진이었다. 칼레 라슨Kalle Lasn 은 「문화 훼방: 미국을 후져 보이게Culture Jam: The Uncooling of America」라는 성명에서 창의적 공공기물 파손과 조롱 섞인 광고들을 통해 미디어를 지배하는 기업들의 메시지에 저항하라고 독자들에게 주장했다. 라슨은 정치적 수사법의 핵심에 밈을 사용한 최초의 활동가 중 한 명이다. 그는 거대 기업들이 만드는 밈들에 저항하려면 사람들이 전복적인 '대항 밈countermemes'을 만들어서 널리 퍼뜨려야 한다고 말했다. 예컨대 토미 힐피거Tommy Hilfiger의 광고를 풍자하려면 그 브랜드명의 스펠링을 '볼품없는 내 모습에게To My Ill Figure'로 슬쩍 바꾸기만 하면 된다. 그러면 비현실적으로 깡마른 몸 이미지를 홍보하는 패션 브랜드를 비판하는 메시지가 된다. 소비자에게 익숙한 광고 아이콘을 파괴하고 전복적인 의미를 새롭게 부여하는 실행은 '문화 훼방 놓기culture jamming'라고 불린다. 광고의 문화

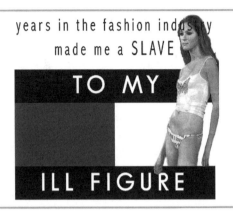

years in the fashion ind__ __
made me a SLAVE
TO MY
ILL FIGURE

그림 12   문화 훼방 놓기

출처: http://subvertise-antidot.blogspot.co.il/2009_01_01_archive.html.

적 이미지를 조작해 기존 이미지를 반박하거나 뒤바꿔 버리는 문화 훼방 놓기 개념은 1990년대 초반에 등장했다. 그런데 21세기가 되자 수백만 명의 대중적 참여가 가능해졌다. 그 이유는 이미지 편집 소프트웨어와 소셜 미디어를 쉽게 사용하게 되었기 때문이다.

시위 주동자의 정체성을 감안한다면, 2011년 9월에 벌어진 시위의 발상이 밈 활동과 얽혀 있다는 점은 놀랍지 않다. 잡지 ≪애드버스터스≫는 수많은 사람들에게 곧 열리는 시위에 참가하라고 이메일을 뿌렸다. 이메일에는 월가의 상징으로 여겨지는 돌진하는 황소 동상[10] 위에 한쪽 다리를 축으로 회전하는 우아한 발레리나의 모습이 담긴 포스터가 첨부되었다.

그림 13　'월가를 점령하라' 시위의 시작을 이끈 밈

출처: http://noclexington.com/?p=5363.

그 포스터는 잘 알려진 ≪에드버스터스≫의 미학을 충실히 고수했다. 이 포스터는 대기업이 사용하는 유명한 아이콘을 선택하고 그 의미를 전복적으로 재배치함으로써 그동안 당연시되던 상징물을 향해 더 많이 의문을 던지고 비판을 하라고 요구했다.

　그리고 확실히, 돌진하는 황소 동상 위에 올라탄 발레리나 포스터는 시위와 관련한 수많은 밈들이 급증하는 첫 시작점이 되었다. '월가를 점령하라' 밈들을 폭넓게 분석한 라이언 밀너는 이런 아마추어식 참여 방식들은 월가를 점령하라 캠페인이 내세우는 평등주의적·비권위주의적 기풍에 완벽히 들어맞는 다고 평가했다. 시위자들은 특히 레딧과 텀블러 등 웹의 유명한 밈 허브를 통해 활력을 얻고 지지받았다. 그러나 월가를 점령하라 시위를 테마로 삼은 밈 활동들은 한쪽으로만 치우치지 않았다. 월가 시위가 진화할수록 풍부하고 다양한 의견들이 '밈'과 '대항 밈'의 포스팅을 통해 표출되었다. 다수의 목소리들이 월가 시위를 지지했지만, 다른 많은 이들은 그에 반대했다. 이와 같은 풍부한 다면적인 토론의 모습을 밀러는 "밈 기반 담론의 다성적polyvocal 특성"이라고 설명했다. 다양한 의견들과 정체성들은 밈의 이런 특성을 통해 표출되며, 절충의 과정을 거치게 된다.

밀너는 이 같은 밈의 특성을 입증하고자 '우리가 99%이다' 시위를 대표하는 밈들을 자세히 분석했다.

"우리가 99%이다" 슬로건은 미국 인구의 1%만이 국가의 재정적 부를 좌지우지한다는 주장과 관련된다. 이 캠페인 초기에 미적 특성을 갖춘 밈들이 생산되었다. 각자 저마다의 우울한 이야기를 손으로 써서 "내가 99%이다"라는 모토를 공유한다. 월가 시위 밈이 보여준 힘은 세 가지 밈 차원들, 즉 콘텐츠, 형식, 입장이 서로를 강화하는 방식에서 나왔다. 평범해 보이는 사람들이 심각한 표정으로 서툴게 쓴, 평범한 미국인의 고통을 다룬 밈 메시지를 전달한다. 이 같은 반복과 변화의 조합은 개인적인 사건을 정치적인 사건으로 탈바꿈시킨다. 의약품을 구매할 능력이 없는 젊고 병든 여인, 아이를 먹여 살리기 위해 고군분투하는 싱글 맘, 딸을 대학에 보낼 수 없는 아버지의 이야기들은 심각하게 결함이 있는 사회구조의 특정한 예시들로 재구성된다. 사람들의 불행은 단지 개인적 문제가 아니고 그들이 살아가는 지역의 제도상의 경제적·정치적 결함에서 기인한다.

'99%' 밈의 인기는 원형 밈에 표현된 미적 특성과 수사법을 반박하는 '대항 밈'의 생산으로 이어졌다. '53%' 밈이 그것이다. 보수적인 활동가들이 만든 '53%' 밈은 미국인들 가운데 오직 53%만이 소득세를 낸다는 점을 들먹였다. 세금을 내고 불평 없이 열심히 일하는 사람들의 개인적 이야기들을 다룸으로써 월가 시위자들을 일도 하지 않는 47%로 묘사했다. 53% 밈의 관점에 따르면 99% 시위에 동참한 사람들은 자신들의 행동에 대해 개인적인 책임을 저버린 부류에 불과했다. 라이언 밀너에 따르면, '99'와 '53' 밈 사이에 오갔던 대화는 많은 후속 밈들(예를 들면 '1%')과 함께 밈 기반의 다양한 목소리들이 공방전을 펼칠 수 있는 여건을 제공했다.

명확성을 기하기 위해 나는 지금까지 설득, 행동, 토론에 사용되는 밈들 간의 차이점을 구별하려고 검토를 진행했다. 하지

그림 14   우리가 99%이다

출처: http://wearethe99percent.tumblr.com/.

만 내 짧은 분석은 현실에서 이런 밈의 기능들이 서로 얽혀 있
다는 점만을 증명할 수 있었다. 이를테면 정치적 밈들에서 세
가지 기능들이 모두 융합적으로 사용된다. 예컨대 99% 밈은 풀
뿌리 운동의 일부로 만들어졌다. 그것은 설득력을 갖기 위한
것이었고, 다채롭고 다양한 밈 기반 논쟁에 불을 붙였다.

물론 월가를 점령하라 밈들이 모두 99% 밈처럼 심각하지는
않다. 어떤 '월가를 점령하라' 밈들은 익살스러운 효과를 만들

우리가 53%이다

출처: http://the53.tumblr.com/.

기 위해 방대한 팝컬처에서 그 아이디어를 차용했다. 헨리 젠킨스는 사소하고 재미난 밈들이 시민들의 참여를 이끈다는 점을 밝혔다. 이런 젠킨스의 이해에 기초하여 라이언 밀너와 제니사 테이Geniesa Tay는 정치를 소재로 삼은 밈들이 팝컬처를 어떻게 이용했는지 분석했다.[11] 팝컬처는 사람들의 일상과 문화적 정체성의 일부이므로 정치에 대한 이야기를 할 때 팝컬처를 이용하면 접근성이 더 좋아진다. 이렇게 팝컬처는 장난스럽고 매력적인 방식으로 개인들이 정치에 대해 서로 소통할 수 있는 플랫폼 역할을 한다. 가령 테이는 영화 〈스타워즈〉에 등장하는 인물들을 많이 활용하는 방식이 밈의 의미를 전달하

그림 16 〈스타워즈 월가 시위〉

출처: http://www.tumblr.com/tagged/occupy%20star%20wars.

는 지름길이라고 설명한다. 만일 어떤 공적인 인물이 제다이 기사로 묘사되었다면, 그는 포스의 선한 편에 있음이 분명하다. 반면, 어떤 정치인들이 제국군과 관련이 있다고 표현한다면 정반대의 효과를 가져올 것이다. 〈그림 16〉에서, 월가 시위대는 모호한 행동 계획만을 가지고 있을 뿐이라는 흔한 비난은 팰퍼틴Palpatine의 발언에 의해서 완전히 뒤집어진다. 팰퍼틴의 말은 월가 시위대들이 〈스타워즈〉의 긍정적 캐릭터들(요다와 루크 스카이워커)과 연결되어 있다는 사실을 드러내기 때문이다(〈스타워즈〉에서 팰퍼틴은 어둠 세력이다 _옮긴이). 그렇지만 4장에서 살펴보았듯이 정치적 밈이 팝컬처 이미지에 전폭적으로 의존하는 현상은 인터넷 밈의 '비정치화depoliticization' 과정으로 이어질 수 있다. 인터넷 밈이 애초에 의도했던 정치적·비판적 기능은 순전히 장난스러운 재미에 치우친 나머지 약해질 수 있다.

정치적인 밈 사진들

3장에서 '최루액을 뿌리는 경찰' 밈을 분석하면서 설명했듯이, 밈에 기반을 둔 정치적 논의는 하나의 '밈 사진'에서 시작되기도 한다. 정치적 행위자 및 논란들과 관련된 밈 사진들이 공유하는 속성을 파악하고자 나는 (6장에서 서술한 방법을 통해 모은) 미국, 프랑스, 중국, 이스라엘, 이집트의 사례들을 분석했다. 그 결과 대부분의 정치적 밈 사진들이 단 하나의 테마와 관련되어 있음이 발견되었다. 밈 사진들은 **'무대 앞'의 공개적인 정치적 퍼포먼스와 '무대 뒤' 현실 간의 상호작용**을 다루었다.

사회학자 어빙 고프먼이 1950년대에 설명한 바와 같이 '무대 앞'은 이미지에 대한 관리가 이루어진다.[12] 대중 앞에서 '나는 헌신적이고 강한 정치인이다'와 같은 바람직한 이미지를 보여주는 것이 목적이다. 반면에 '무대 뒤'는 사적 공간이며 친밀감, 친숙함, 진솔함이 지배한다. 대중의 눈에서 멀리 벗어나 이미지 관리 기법들을 연습하는 공간이기도 하다.

정치적 무대의 앞 공간과 뒤 공간을 나누었던 경계는 20세기에 터져 나왔던 많은 정치적 스캔들의 중심부에서 해체되고 말았다. 클린턴-르윈스키 스캔들이나 워터게이트 Watergate 같은 사례들은 안전한 무대 뒤 공간에서 다루어져야 했던 내용이지만, 신문과 방송의 무대로 흘러나왔던 것이다. 그러자 크게 당황한 정치인들은 무대 뒤에서의 행동에 대해 사과를 해야만 했다.[13] 놀랍게도 무대 앞과 뒤의 경계를 깨뜨리는 방식은 밈 사진들에서 매우 드물다. 우리가 연구를 통해 발견한 밈 사진들의 표현 방식은 두 영역을 색다르게 '혼합하기'였다. 그것은 정치적 무대의 앞뒤 공간을 세심하게 연결하고, 그 앞면을 내세우지만, 뒷면을 전략적으로 폭로하는 방식이다.

이런 방식을 선택한 전형적 밈 사진의 사례들은 다음과 같다. 정치적 밈들이 소재로 삼았던 사진들은 파키스탄에서 오사마 빈라덴 Osama Bin Laden 암살 소식을 보고받으며 국가안보팀의 담당자들 옆에 앉은 오바마 대통령의 백악관 상황실 사

표 17 표시그림 17 ‘비비 검프’ 밈

출처: http://fuckyeahbibibomb.tumblr.com.

진, 이스라엘 병사 길라드 샬리트Gilad Shalit가 하마스에 억류된 지 5년 만에 풀려나 아버지를 껴안는 순간 뒤에서 자랑스럽게 웃는 이스라엘 총리 베냐민 네타냐후Benjamin Netanyahu의 모습을 담은 사진 등이었다.

이런 사진들에 대한 밈 반응은 어떠했을까? 사용자들은 ‘가식적’이며, 결함이 있는, 조작된 사진들이라고 지적했다. 예를 들어 네타냐후–샬리트 사진에 대한 반응으로 만들어진 밈에는 '비비 검프Bibi Gump'라는 태그가 붙었다. 이 밈은 1969년 달 착륙, 마카비 텔아비브Maccabi Tel Aviv의 1977년 유러피언컵 승리, 윌리엄 왕자와 케이트 미들턴의 왕실 결혼식 등 역사적인 사건들의 관객 속에 네타냐후를 배치했다. 네타냐후에게 유명한 역사적 사건들을 자신의 명예로 삼으려는 의도가 있음을 폭로한 것이다. 네타냐후뿐만 아니라 비슷한 사례들에서 정치인이 번드르르한 조작을 만들면, 네티즌들은 즉시 이를 알아채고 집단적으로 비판을 퍼붓기 위해 밈들을 사용한다.

겉보기에는 '무대 뒤'를 찍은 사진이 실제로는 설정이었다는 사실이 들통 났을 때도 비슷한 반응이 일어났다. 프랑스 대통령의 거짓말을 비판했던 '사르코지 거기 있었다Sarkozy Was There' 밈을 살펴보자. 베를린 장벽 앞에서 찍은 니콜라 사르코지Nicolas Sarkozy의 사진 한 장이, 동독 공무원들이 서독으로 통하는 문을 열어젖힌 그날 밤에 촬영됐다는 설명과 함께 사르코지의 페이스북 페이지에 업로드되었다. 그러나 '너의 밈을 알아' 사이트에 따르면, 얼마 지나지 않아 프랑스 언론은 사르코지가 그 장소에 있었던 것은 맞지만, 역사적 순간에 거기에 있었다는 주장은 거짓이었음을 밝혀냈다. 알고 보니 그 사진은 베를린 장벽이 무너진 역사적 순간보다 일주일이나 지나 촬영된 장면이었다. 약간 다른 종류의 거짓말도 '세 명의 중국 공무원들' 밈으로 조롱의 대상이 되었다. 이는 새로 건설된 도로를 검사하는 지역 공무원 세 명의 모습을 담은 사진이 중국 쓰촨성 후이리현(會理縣) 정부 웹사이트에 업로드되었을 때 시작되었다. 유일한 문제는 이 사진이 포토샵의 붙여 넣기 기능을 이용해 조악하게 합성되었다는 것이었다. 공무원들은 땅에서 몇 인치나 떠서 공중부양 하고 있는 것처럼 어색해 보였다. 이 사진이 공개되자 사진에 등장한 중국 공무원들을 다른 위치에 배치해 조롱하는 밈 사진들이 대거 쏟아졌다. 결국 후이리현 웹사이트에는 사과문이 올라왔다. 사과문에는 공무원들이 그 도로를 방문하기는 했지만, 원본 사진이 마음에 들지 않은 사진사가 인물들이 서 있던 배경을 나중에 인위적으로 바꾸었다는 해명이 담겨 있었다.

정치적 이미지 조작에 맞섰던 중국 인터넷 사용자들의 밈 반응은 존 스튜어트Jon Stewart와 스티븐 콜베어Stephen Colbert가 각각 〈데일리쇼The Daily Show〉와 〈콜베어 르포The Colbert Report〉에서 보여주는 '상향식' 표현의 디지털 버전으로 이해할 수 있다. 신랄한 정치·사회 풍자와 함께 웃음을 선사하는 이런 토크쇼들은 정치인들과 기자들이 사용하는 '무대 뒤' 전략들을 꾸준히 폭로한다. 그다지 할 말이 없을 때라도 마치 설득력 있고 정통한 듯이 보이려는 조작들은 낱낱이 드러나게 된다.[14] 헨리 젠킨스는 이런 프로그램들이 조작과 위조의 흔적을 찾아 경고하는

데 익숙한, "감시적 시민들monitorial citizens을 위한 좋은 훈련장"
이라고 말한다.[15] 인터넷 사용자들은 정치 사진들의 조작을 통
해 이미지가 인위적으로 구축되었음을 이미 간파하고 있으며,
그와 경합하는 이미지들의 조작까지도 (실물보다 덜 돋보이게) 스
스로 충분히 창조할 수 있다는 신호를 보내는 것이다.

그러므로 민주적 국가들에서 밈들은 참여적 행동의 선택지
를 확장시켜 준다. 시민들은 밈 생산을 통해 정치적 의견들을
새롭고 쉬운 방식들로 표현하고, 열띤 토론에 참가할 수 있고,
그 과정 자체를 즐길 수 있다. 그러나 비민주적 국가들에서 밈
은 정치적 토론을 나눌 기회를 확대하는 역할을 하며, 밈 그 자
체로서 민주주의 사상을 보여줄 수 있다.

민주적 체제전복의 수단이 된 밈: 중국의 사례

지난 10년 동안 인터넷은 중국에서 공적 담론을 나누는 중
요한 무대가 되었다. 방대함과 익명성을 특징으로 하는 이 뉴
미디어는 중국 내 수백만여 명의 사용자들에게 더 자유로운
정보 접근의 가능성을 열어주었다. 인터넷 초창기부터 정치
적 담론과 정치적 시위를 벌이려는 시도들은 중국의 사이버공
간에서 널리 퍼져나갔다. 그러나 불온한 커뮤니케이션이 중

국의 정치 시스템에 미치는 위험성을 잘 알고 있던 중국 정부는 사용자가 웹사이트에서 특정 키워드들을 검색하지 못하도록 막고 대화방, 블로그, 마이크로블로깅 플랫폼을 차단하고, 신형 컴퓨터에 검열 소프트웨어를 설치하도록 의무화했다. 또한 잠재적으로 거북하고 못마땅한 콘텐츠를 제거하기 위해 중국 정부는 자기 검열의 필요성을 홍보했고, 관리자들에게 대화방을 감시하고 잠재적으로 문젯거리로 여겨지는 콘텐츠를 삭제하도록 의무화했다. 최근 중국 정부는 인터넷 검열을 '조화로운 사회(和諧社會)'를 건설하기 위한 활동이라고 정당화했다. 국가 최고 지도자였던 후진타오(胡錦濤)는 과도기에는 통합된 사회주의 사회의 건설이 필요하다면서 '조화로운 사회'를 역설했다.

이와 같은 인터넷 검열 정책이 실행되자 많은 형태의 저항이 생겨났다. 크리스토퍼 레아Christopher Rea에 따르면 중국 정부가 실시한 대대적인 온라인 검열 활동 때문에 많은 블로그들과 채팅용 대화방들이 폐쇄되자 '조화롭게(被和諧)'가 이런 것이냐면서 비꼬듯이 불만을 토로한 네티즌들이 있었다[후진타오의 슬로건 "和諧"의 발음은 '허세'로서 '민물 게(河蟹)'와 같다 _옮긴이]. 비꼬는 단어들을 온라인에서 사용한다면 검열 대상이 되므로 웹사이트가 위험해질 수 있었다. 그러자 검열을 피하기 위해 중국 블로거들과 콘텐츠 창작자들은 한자 단어를 음조(音調)가

그림 18   민물 게 밈

출처: http://chinadigitaltimes.net/2012/03/word-of-the-week-river-crab

약간 다른 단어로 바꾸어서 표현했다. 동음이의어를 이용한
말장난의 결과, '민물 게'는 새로운 의미를 가지게 되었다. 그
러므로 블로거들이 '민물 게' 또는 '민물 게를 잡다(被河蟹了)'라
고 글을 쓴다면 실제로는 정부의 검열에 관해 이야기하는 것
이다. 얼마 지나지 않아 민물 게는 유명한 시각적 밈으로 널리
퍼져나갔다.[16]

손목시계를 세 개나 몸에 두른 민물 게의 모습은 장쩌민(江澤
民)이 2000년에 발표했던 '3개 대표사상(三個代表思想)'을 말장난
삼아서 시각화한 것이다. 그 내용은 "중국공산당은 항상 중국
의 생산력 발전에 대한 요구, 중국의 선진적 문화 발전, 압도
적 다수 인민들의 근본적인 이익을 대표한다"[17]라는 것이다. '민

물 게' 밈은 비디오 클립들에도 등장했다. 예컨대, 어떤 밈 비디오는 TV로 중계된 정부 회의 장면과 난처해 보이는 주석의 사진들 위로 시계를 찬 게가 번쩍거리도록 재편집하고, 보이 밴드의 팝 사운드 트랙을 배경에 깔았다. 어떤 이미지 사진들은 노래 가사와 공명(共鳴)하면서 중국 정부의 지도자들을 깎아내린다. 예컨대 장쩌민이 머리를 빗는 사진은 노래 가사 "예쁘게 단장하네"가 흘러나오는 순간에 등장한다. 이와 같은 비난 방식은 지역 매스미디어에서는 절대로 불가능하다.[18]

또 다른 유명한 중국의 정치적 밈은 당국의 검열을 교묘히 피하기 위해 만들어졌다. 차오니마(草泥马: 풀밭 진흙 말이라는 뜻으로 낙타과의 동물 알파카Alpaca 품종 중 하나다 _옮긴이) 밈은 중국 당국이 청소년들의 건강에 해롭고 유해하다는 이유로 음란한 콘텐츠를 금지하자, 그에 반발하면서 퍼져나가기 시작했다. 온라인 콘텐츠를 '정화'하는 작업은 겉으로는 성적 콘텐츠 척결에 초점을 맞추지만, 실제로는 정부의 승인을 받지 않은 정치적 의견들을 침묵시키는 데 사용되었다. 중국 당국의 온라인 검열 활동은 가공의 동물 '풀밭 진흙 말'이 생겨나는 원인이 되었다. 草泥马(풀밭 진흙 말)는 중국어로 차오니마Cao Ni Ma라고 발음되는데, '네 에미를 욕보인다(肏你妈)'는 욕설과 발음이 똑같다.

2008년 인터넷을 전속력으로 질주한 풀밭 진흙 말은 단박에 유명세를 얻었고 사람들이 따라 하기 시작했다. 크리스토퍼 레아는 이 비디오를 두고 평화롭게 초원을 돌아다니는 알파카들의 이미지들과 함께 흘러나오는 "어린애 같은 목소리로 합창하는 쾌활한 짧은 노래"가 차오니마를 전 세계에 알렸다고 설명했다.

그러나 차오니마 비디오의 화면에 펼쳐지는 달콤하고 순진무구한 장면은 기만적이다. 그 이유는 가사의 발음이 주는 의미와는 극명하게 대립되기 때문이다. 그 가사를 검열자가 문자 그대로 해석하여 얻는 의미와 발음에 담긴 욕설 간의 부조화는 재미를 자아낸다. 예를 들어 "풀밭 진흙 말 무리가 넓고 아름다운 남성 고비사막Male Gobi desert에 있다"라는 노래 구절은 '네 에미의 드넓고 아름다운 썹 속에서 후레자식 무리가 성교를 한다'로 들린다(중국어 욕설 '妈了个巴(ma le ge bi)'와 발음이 같기 때문이다_옮긴이). 이 노래의 후반부로 가면 풀밭 진흙 말이 위험한 민물 게(중국 당국의 검열을 의미한다_옮긴이)를 물리치고 자신들의 초원을 지켜낸다. 암호화된 가사를 살펴보면, '풀밭 진흙 말'은 타인을 해치지 않는 가상의 동물로서 아무 잘못도 없는 인터넷 사용자들을 상징한다. 인터넷 사용자들은 검열을 일삼는 잔인한 검열제도에 의해 피해를 입고 있지만, 결국 그들을 이길 것이라는 메시지도 담겨 있다. 차오니마 비디오의 노래 가사는 수많은 밈 반응에 영감을 주었다. 2009년부터 중국 웹사이트들에서 차오니마를 소재로 삼은 한 컷짜리 만화, 포토샵 반응들, 시(詩)들이 홍수를 이루자 다른 나라들에서도 이에 흥미를 보였고, 언론들도 이 현상을 보도했다.

마케팅 커뮤니케이션 학자 샤오정 샤론 왕Shaojung Sharon Wang은 차오니마 밈의 암호화된 언어들이 사회적 저항의 새로운 형식으로 사용된다는 사실에 주목했다. 그녀는 체제전복의 상징물로 여겨지는 차오니마 밈이 어떻게 상업화되었는지 그 과정을 탐색했다.[19] 2009년 초반에 풀밭 진흙 말의 인기가 폭발하자 인터넷 소매상이나 장난감 가게는 티셔츠나 봉제 인형 같은 상품들을 판매했다. 어떤 의미에서, 사이버공간에서 '현실 세계'의 물리적 인공물로의 이동은 공유된 체제전복적 자신들의 경험을 심화하려는 인터넷 사용자들의 충동을 보여준다고 하겠다. 동시에, 이 과정은 또한 자본주의가 스스로를 재창조하는 능력을 나타낸다. 왕이 말했듯이 "인터넷 도구는 생산적이고 참여를 유도하므로 수익은 이미 보장되어 있다. 인터넷 사용자들이 스스로 무료 광고를 통해 자발적인 마케팅 담당자들로서 역할을 하기 때문"이다.[20]

그렇다면, 중국처럼 엄격히 통제되는 정치 환경에서 밈들은 어떤 의미를 가지는 것일까? 이런 맥락에서 보면 정치적 밈은 단순한 분노와 절망의 호소를 넘어선다. 체제전복적 밈들이 널리 유통되는 모습은 대중이 가지는 비판과 불신을 공개적으로

드러내준다. 정치적 밈은 중국의 공식 매스미디어가 말하는 허울 같은 낙관론과 통합을 깨뜨린다. 공산당은 모든 것이 '조화롭게' 보이기를 원하겠지만, 체제전복적 밈들은 현실은 그와 다르다는 사실을 폭로한다. 그렇지만 밈을 통한 대중적 비판이 '연결행동'으로 이어져서 정권교체까지 불러올 수 있을지는 여전히 미지수이다.

8장에서 나는 민주주의 또는 비민주주의 여건에서 정치적 밈이 어떤 역할을 하는지 짧게나마 설명했다. 결론을 위해 한 걸음 물러나서 인터넷 밈과 디지털 시대가 도래하기 이전의 밈을 비교할 것이다. 디지털 이전의 밈들로는 구 소비에트연방에서 행해졌던 정치적인 농담들이 있다. 밈들은 언제나 의견들을 표현하고 확립된 질서를 전복하는 데 중요한 역할을 해왔다. 이런 본질적인 역할은 디지털화된 밈에서도 달라지지 않았다. 디지털 시대 이전에 등장했던 정치적 밈은 평범한 일반인들이 사적인 공간에 모여 권력자들을 비판하는 식이었다. 반면, 디지털 시대에 이런 비판은 공론장의 일부가 되었다. 공론장에서는 사람들이 의견을 행동을 통해 드러내 보이고, 그 의견을 넓은 지역에 전파할 수도 있다. 또한 라이언 밀너가 이미 입증했듯이, 포챈이나 레딧 같은 밈 허브들에는 다양한 대립되는 목소리들과 의견들이 올라오기 때문에 인터넷 밈들은 숙의 과정에서 새로운 역할을 맡게 된다. 즉, 대립하는 진영들 사이에 다수의 목소리들이 오가도록 인터넷 밈들은 '만남의 공간'을 제공한다. 이런 점에서, 인터넷 밈들은 생각이 비슷한 사람들이 친밀한 모임에서 주고받을 만한 정치적 농담과 다르다.

또한 구식의 정치적 밈들과 새로운 정치 밈들 사이의 차이가 드러나는 영역은 밈의 '형식'과 연관되어 있다. 디지털 밈은 구식의 정치적 밈에 비해 시각적으로 두드러진다. 이런 차이는 두 가지 함의가 있다. 첫째, 시각적으로 표현되는 디지털 정치 밈은 정치와 팝컬처 사이의 대규모 통합을 가능하게 해준다. 예컨대, 버락 오바마가 〈스타워즈〉의 제다이 루크 스카이워커와 대결하는 장면을 농담으로 엮어내려면 상당한 창의력이 요구되지만, 포토샵에서 대통령의 얼굴을 가져다가 제다이의 몸에 붙여 넣기는 쉽다(루크는 〈스타워즈〉에 등장하는 강력한 제다이다 _옮긴이). 인터넷 밈의 시각적 속성이 주는 두 번째 함의는 잠재적으로 다의적polysemic 해석이다. 다시 말해서, 시각화된 밈들은 개방적인 해석을 유도하는 경향이 있다. 말로 하는 농담은 조롱이나 경멸의 대상이 명확하지만, 시각적인 이미지들에는 명확한 서술이 부족하므로 상반된 해석을 불러일으킬 수 있는 것이다.

릴리언 박스먼샤브타이Lillian Boxman-Shabtai에 따르면 밈의 시각적 이미지가 상호텍스트성intertextuality과 결합하게 되면 밈의 다중적 의미는 더 강력해진다. 예컨대 〈스타워즈〉 같은 텍스트와 밈이 합쳐지면 추가적 의미 층위가 생겨나므로 밈이 전달하는 메시지에 복잡성과 모호성이 가중될 수 있다.[21] 따라서 어떤 사람은 '루크가 된 오바마Obama-as-Luke' 밈을 보고 오바마를 칭송한다고 해석해도, 다른 사람은 일반적으로 알려진 오바마의 슈퍼히어로 콘셉트를 비판하는 접근으로 이해할 것이다. 그렇지만 어떻게 해석하든지 "포스는 인터넷 사용자들과 함께한다". 그 이유는 이미 설명했다시피, 인터넷 밈은 상향식으로 정치적 영향력을 발휘할 수 있는 새로운 정치적 담론의 무대를 구성하기 때문이다.

9

전 세계로 퍼져가는
인터넷 밈

지금까지는 지역문화와 권력구조에 뿌리내린 밈을 살펴보았다. 그러나 인터넷 밈이 단일한 지역에 국한되는 경우는 드물다. 아마도 종래의 어떤 매체보다 인터넷은 여러 나라에 걸쳐 대규모로 밈이 퍼져나가기에 적합하다. 그러나, 밈의 잠재력 실현은 기술만이 결정적 요인은 아니다. 오히려 국경을 개의치 않고 밈을 실행하고 선택하는 인터넷 사용자들의 행동이 복합적인 연결점nexus으로 작용하기 때문이다.

이 장에서 지난 10년에 걸쳐 인터넷 밈이 어떻게 영향력을 갖춘 (그러나 눈에 보이지는 않는다) 세계화의 매개체로서 등장했는지 살펴볼 것이다. 그렇지만 그 과정은 일방적인 문화 동질화라고 보기는 어렵다. 비록 변형된 밈 버전들이 밈 원형의 정형화된 문구를 수입하여 사용하더라도 자신의 지역 문화를 강조하기 때문이다. 이제부터 세계화와 관련된 밈에 대한 정의와 논쟁들을 다루고, 그다음으로 밈에 기반을 둔 세계적 확산의 두 가지 유형을 살펴볼 것이다. 첫째는 언어적 밈이고, 둘째는 시각 및 시청각 콘텐츠와 연계되는 밈이다.

세계화에 대한 수많은 정의 가운데 하나는 세계화가 "전 세계의 사회, 문화, 제도, 개인들이 서로 복잡하게 연결되는 과정의 발전"이라고 설명한다.[1] 지역과 세계의 상호의존성은 오래된 현상이기는 하지만, 세계화의 흐름의 속도와 규모는 최근 수십 년 동안 극적으로 빨라지고 있으며, 사회생활의 모든 영역에서 영향력을 미치고 있다. 1990년대 이래로 인터넷의 급속한 성장은 세계화에 대한 새로운 희망, 불안, 논쟁을 불러 일으켰다. 네트워크의 국제망으로 구축된 인터넷은 적어도 기술적으로는 수월하게 국경을 허물었다. 그러나 디지털화된 새로운 질서에서는 공간과 거리가 사라질 것이라는 예상과는 달리 사이버공간이 물리적·사회적·언어학적·문화적 맥락들 속에서 체화되고, 그것들에 의해 형성된다는 연구물이 더 늘어나고 있다.[2]

디지털 이전 시대와 디지털 시대의 세계화 논쟁은 세계적 흐름이 '서구에서 기타 지역으로' 특정한 방향이 있다는 주장과 밀접한 관련이 있다. 세계화를 비판하는 사람들에 따르면, 세계화는 서구 제국주의의 한 형태로서 주로 서구, 특히 미국의 경제적·문화적·정치적 이익을 도모한다. 그러나 세계화가 불가피한, 일방향의, 획일적인 미국화 과정이라는 설명은 광범위하게 비판을 받았다. 롤런드 로버트슨Roland Robertson이 만든 용어 '글로컬라이제이션glocalization'은 일본 재계에서 사용하던 단어를 차용한 것이다. 그 용어의 의미는 "글로벌 범위와 지역적 범위를 보는 망원경을 포개어 혼합하는 과정들"을 의미한다.[3] 로컬라이제이션 개념은 현대문화를 두고서 내부적 영향력과 외부적 영향력이 통합되는 과정이라고 설명한다. 그러므로 문화적 동질화와 문화적 이질화를 엄밀하게 나누려는 관점에는 도전을 제기한다. 현지의 행위자들은 세계화 모형을 단순히 받아들이거나 거부하기보다 외국 문화와 친숙한 문화를 통합해 다면적인 혼합 문화들을 창조할 수 있다.

세계화와 글로컬라이제이션을 둘러싼 논란들은 인터넷 콘텐츠의 흐름에 대한 현대적 연구물에서도 분명히 찾아볼 수 있다. 세계화와 인터넷에 대한 어떤 연구물은 불평등과 미국화에 대한 주장을 뒷받침한다. 특히 인프라와 접근성에는 세계적 격차가 존재하며, 언어, 상품화, 상업화 과정이 서구-미국에 편향되어 있다고 강조한다.[4] 이런 연구 결과와 병행해 지역적·글로컬적 인터넷 사용의 '과정'에 대한 증거를 보여주는 문헌들도 늘어나고 있다. 이 연구들은 많은 사람들이 인터넷을 지역적으로 사용하며 자기 나라나 지역의 사람들 및 기관들과 소통한다는 점을 보여준다.

이와 같은 인터넷 사용자 연구의 주된 관심 분야는 언어다. 인터넷 공통어lingua franca는 처음에는 영어였다. 이런 사실은 '언어 제국주의'를 촉진하고 소수 언어들의 지위를 위협하는 영어의 매체적 역할에 대한 우려를 자아냈다. 그렇지만 최근 연구는 영어의 지배력이 쇠퇴하고 있음을 보여준다. 이미 2003년에 전 세계 인터넷 사용자 중 3분의 2가량의 모국어는 영어가 아니었고, 중국 같은 나라들에서 인터넷 사용자들이 급증하고 있으므로 탈영어화 추세는 더욱 강화될 것으로 예상된다. 이와 같은 언어적 변이variation는 문화적 세계화와 인터넷에 근본적 질문들을 던진다. 여러 언어를 사용하는 환경에서 인터넷이 어떻게 세계적 흐름을 가능하게 한다는 말인가? 이런 환경에서 번역의 기능은 무엇인가? 이런 맥락에서 보자면 세계화는 어느 정도까지 밈이라는 시각적 단서에 근거하는 것일까? 마지막으로, 새로운 세계화 과정에서 평범한 인터넷 사용자들의 역할은 무엇일까?[5]

지금부터는 이 질문들을 '사용자 제작의 세계화'(전 세계의 평범한 인터넷 사용자들이 밈들을 번역하고, 개인화하고, 퍼뜨리는 과정)라는 프리즘을 통해 살펴볼 것이다. 사용자 제작의 세계화는 종래의 연구 문헌에서는 세 가지 이유로 주목되지 않았다. 첫째, 주요한 콘텐츠 생산 기업들 등 세간의 이목을 끄는 상업적 행위자가 주도하지 않았기 때문이다. 사용자 제작의 세계화는 전 세계의 수많은 평범한 사용자들이 일상에서 만들어낸 것이다. 둘째, 매스미디어 콘텐츠(TV 형식 같은)의 초국가적 흐름과 다르게 사용자 제작의 세계화가 택한 공연장에는 노골적인 상업적 색채도 없다. 마지막으로, 일단 텍스트가 번역되고 지역적 표시들이 추가되면, 그 콘텐츠가 원래는 외국에서 왔다는 사실이 독자나 배포자들에게 전혀 보이지 않는다.

나는 동료들과 사용자 제작의 세계화가 진행된 규모와 범위를 두 가지의 연속적인 연구를 통해 살펴보았다. 이 연구들은 언어적 농담들이 얼마나 번역되는지에 주목했다. 첫 번째 연구는 마이크 텔월Mike Thelwall과 협력해 실행되었는데, 우리는 남성, 여성, 컴퓨터에 대한 하나의 인터넷 농담으로 사례연구의 범위를 좁혔다.[6] 이 농담은 절망에 빠진 한 컴퓨터 사용자가 기술 지원팀에 보내는 편지 형식으로 되어 있다. 그 글은 '여자 친구 버전 7.0에서 아내 버전 1.0으로 업그레이드'하는 과정의 고통에 초점을 맞추고 있다.

이 컴퓨터 사용자는 아내 버전 1.0이 '예상하지 못한 하위 프로세스를 시작해 컴퓨터에 많은 공간을 차지하고, 가치 있는 자원들을 사용'해 '포커 나이트 10.3, 풋볼 5.0, 사냥과 낚시 7.5, 레이싱 3.6' 같은 애플리케이션들을 사용하지 못하게 막는다고 불평을 한다. 이 편지를 받은 기술 지원팀 담당자는 사용자가 겪는 문제의 원인에 대해 다음과 같은 답을 보낸다. "주요한 오해: 많은 사람이 여자 친구 7.0를 아내 1.0으로 업그레이드하면서 단지 이를 유틸리티와 엔터테인먼트용 프로그램이라고 생각한다. 그렇지만 아내 1.0은 운영체제이며, 창조자에 의해 '모든 것'을 운영하도록 설계된 것이다!!!" 이 농담은 표면적으로는 남성의 관점에서 쓰인 것이다. 그런데 이 농담의 여성 버전도 웹에서 퍼져나갔다. '남자 친구 7.0에서 남편 1.0으로 업그레이드'라는 글에서, 갓 결혼한 아내는 '남편 1.0'이 '옷, 꽃, 보석류 애플리케이션에 대한 접근성'이 심각

하게 떨어진다고 불평한다. 이 접근성은 '남자 친구 7.0'에서
는 완벽히 작동했는데 말이다. 그리고 '남편 1.0'이 "다른 많은
중요한 프로그램을 지워버렸다"라고 말하며 '로맨스 9.5', '사
적인 배려 6.5'와 같은 프로그램이 사라졌다고 불평한다.

우리는 영어로 쓰인 이 농담이 매우 인기를 끌었으므로 컴
퓨터와 로맨틱한 사랑이라는 밈의 테마가 전 세계 사람들에게
흥미를 끌 것으로 예상했다. 그러므로 우리는 이 농담이 다른
언어들로 어느 정도 번역되었는지 파악하는 것을 목표로 정했
다. 연구가 진행될 당시(2009) 인터넷 사용자들이 가장 많이
사용하는 아홉 가지 언어들(영어 제외)로 번역된 버전들을 찾아
보았다. 중국어, 스페인어, 일본어, 프랑스어, 독일어, 포르투
갈어, 아랍어, 한국어, 이탈리아어가 포함되었다. 이 농담이
많은 언어들로 번역되어 문화적 국경을 넘었다는 점이 확인되
었다. 조사를 실시한 일곱 개 언어 가운데 여덟 개 언어로 번
역된 농담들은 상당히 많은 곳에서 발견되었다.

글로벌 영향력이 강력한 농담의 확산 과정에서 글로컬라이
제이션은 제한적 수준에 불과했다. 중국어, 독일어, 포르투갈
어로 번역된 농담은 소규모 지역에서 이루어진 밈의 각색local
adaptations을 흡수했다. 예컨대, 독일어로 번역된 농담에서 스
포츠와 관련된 언급들은 꽤 많은 부분이 수정되었다. NBA와
럭비는 푸스발-분데스리가Fussball-Bundesliga(독일의 프리미어 축구

리그), 〈스포츠 시계Sportschau〉(독일의 축구 TV 쇼)로 대체되었다. 농담을 번역한 언어들이 주는 '느낌'은 저마다 달랐지만, 이 농담의 '구성 요소들'(우리의 연구에서는 포스트페미니스트 관점의 추정이나 젠더와 관련된 고정관념)은 달라지지 않았다. 전 세계적으로 여자들은 지나치게 말이 많으며 애정에 굶주렸고 감정적이며, 남자들은 혼자 남아 스포츠 방송을 보고 싶어 한다는 '화성에서 온 남자, 금성에서 온 여자'식 고정관념이 되풀이해서 복제되었다. 이에 대해 별다른 반박은 없었다.[7]

조사 대상이었던 아홉 개 언어 가운데 오직 아랍어로는 이 농담이 거의 번역되지 않았다. 이 현상은 문화와 관련된다는 설명이 가능하다. 아랍어권 사회에서는 이 농담(예컨대, 혼전 성관계) 속에 간접적으로 표현된 규범들이 부적절하게 여겨질 수 있다. 이 같은 설명은 우리가 데이터 수집을 마치고 1년 후에 이 농담의 아랍어 버전이 빠르게 퍼져나가면서 입증되었다. 아랍어 버전의 농담은 한 여자가 컴퓨터 프로그래머인 남편에게 쓴 편지로 재구성되었다. 결혼 생활과 컴퓨터를 나란히 비교하는 익살스러운 메커니즘은 동일했지만, 혼전 성관계를 암시하는 부분은 제외되었고, 이슬람 관습에 대한 언급들로 가득했다.

첫 번째 조사의 주요한 제약은 우리의 연구가 단일한 사례 연구에만 초점을 맞췄다는 것이다. 농담 하나를 연구해 일반적인 결론을 이끌어내는 것은 불가능했다. 그래서 나는 하다르 레비Hadar Levy, 마이크 텔월과 별도의 연구를 진행했고 분석 범위를 훨씬 넓혔다. 우리는 2010년 기준으로 인터넷 사용자들이 가장 많이 사용하는 언어들(중국어, 스페인어, 일본어, 프랑스어, 독일어, 포르투갈어, 아랍어, 한국어, 러시아어)로 번역된 100개에 이르는 영어 농담들을 추적했다. 번역된 농담들을 조사한 결과 **사용자 제작의 세계화**는 보편적인 현상이었지만, 그 양상은 언어마다 무척 다양하다는 사실이 밝혀졌다. 다섯 개 언어 (러시아어, 포르투갈어, 스페인어, 프랑스어, 독일어)로 번역된 농담의 복사본들은 많이 발견되었으나 중국어와 아랍어 번역은 상대적으로 적었고, 한국어와 일본어 번역은 소수에 불과했다. 이런 결과는 아마도 문화적 근접성과 관계가 있을 수 있다.

농담의 번역본이 많이 발견된 언어들은 주로 아메리카와 유럽을 기반으로 한 서구문화에서 사용하는 언어들이다. 반면에 번역본이 비교적 적은 언어들은 아시아와 아프리카에서 사용하는 언어들이다. 우리는 농담의 세계적인 확산이라는 면에서 여러 농담 간의 중요한 차이도 발견했다. 어떤 농담들은 전 세계에 걸쳐 널리 유포되지만, 또 다른 농담들은 '번역저항적'이어서 오직 영어로만 나타난다.[8] '글로벌' 농담들은 성차별과 소비자중심주의라는 두 가지 주제들을 공유했다. 그것은 많은 언어로 번역된 다음 사례에서 분명하게 확인된다.

여자를 행복하게 만들기는 어렵지 않다. 남자는 살아가기 위해서는 오직 이런 사람들만 필요하다.

1. 친구

2. 동료

3. 애인

4. 형제

5. 아버지

6. 고용주

7. 요리사

8. 전기기술자

9. 목수

10. 배관공

11. 수리공

12. 실내장식가

13. 스타일리스트

(그리고 이 항목은 44번까지 계속된다)

그 밖에도 남자가 잊지 말아야 할 것:

45. 자주 칭찬하기

46. 쇼핑 좋아하기

47. 솔직하기

48. 아주 부자일 것

49. 스트레스받지 않게 하기

50. 다른 여자 쳐다보지 않기

그리고 동시에 당신이 해야 할 일:

51. 그녀에게 많은 주의를 기울이되 거의 기대하지 않기

52. 시간, 특히 그녀 자신을 위한 시간을 많이 줄 것

53. 그녀에게 넓은 공간을 주고, 그녀가 어디로 갈지 걱정하
   지 않기

다음은 매우 중요:

54. 생일, 기념일, 그녀가 준비한 약속들을 잊지 않기

남자를 행복하게 하려면?

1. 알몸으로 나타난다.

2. 술을 가져온다.

'글로벌' 농담들은 구체적 장소나 회사는 언급하지 않는 경
향이 있다. 만약 언급한다면, 예컨대 마이크로소프트, 바비
Barbie 등 잘 알려진 회사나 상품을 언급한다. 이와는 대조적으
로, 번역이 어려운 농담들은 미국 내 구체적 장소, 미국의 지

역적 고정관념(예를 들면 무식한 백인 노동자), 미국 내 지방정치에 초점을 맞추는 경향을 보인다. 전반적 분석 결과는 인터넷을 떠도는 농담들이 서구화와 미국화의 보이지 않는 강력한 행위자라는 사실을 보여주었다. 그렇지만 이런 농담의 역할을 보편적 과정으로 보기는 어렵다. 어떤 문화들, 특히 한국 문화와 일본 문화는 농담의 확산을 통한 문화적 세계화에 동참하는 것 같지는 않다.

지금까지 사용자 제작의 세계화의 한 사례로서 언어적 유머가 어떻게 확산되는지를 살펴보았다. 그러나 국제적 밈의 확산 과정은 언어 형태의 밈에만 국한되지는 않는다. 사실상, 시각적 콘텐츠는 언어와 국경을 훨씬 쉽게 뛰어넘을 것이다. 어떤 밈이 세계화를 이루었는지에 대해서는 아직 체계적인 연구가 없지만, 점차 늘어나는 사례들은 상당한 양의 시각적 콘텐츠가 전 세계로 확산되고 있다는 점을 보여준다. 언어적 유머와 비슷하게 시각적·시청각적 유머의 형식들은 종종 현지화 전략의 대상이 된다. 나는 이런 글로컬라이제이션 과정을 두 가지 밈 사례들과 언급을 중심으로 살펴보려고 한다. '성공한 흑인 남자' 밈이 성지(팔레스타인)로 이동한 사례, 그리고 '강남스타일' 밈이 국제적 버전들로 제작된 사례가 그것이다.

'성공한 흑인 남자' 밈은 양복을 입은 젊은 흑인 사진에 두 가지 캡션이 붙어 있다. 상단의 설명은 흑인과 관련된 (통상적으로

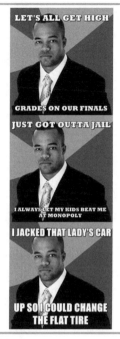

그림 19 **'성공한 흑인 남자' 밈**

출처: http://www.quickmeme.com.

부정적인) 고정관념을 암시하지만, 하단의 설명은 책임감 있고 가정적인 중산층 남성의 발언으로 반전시킨다. 예컨대, 〈그림 19〉의 사진에서 (흑인을 마약과 연관시키는 고정관념을 암시하는) 상단의 캡션은 '우리 함께 (마약에) 취해보자Let's all get high'라는 뜻이지만, 사진 하단의 캡션과 합쳐지면 '우리 함께 기말고사에서 높은 성적을 거두자'로 문장의 뜻이 달라진다. '이제 막 출소했음Just got outta jail'은 가족과 함께 모노폴리 보드게임으로 놀이를 하던 도중에 '감옥에 있다가 (탈옥 카드를 써서) 출소했다'는 의미로 달라진다. '나는 저 여자의 차를 훔쳤어 I jacked that lady's car'는 '흑인 신사가 무거운 물건을 들어 올리는 기구 잭jack으로 차량을 들어 올려 펑크 난 타이어를 교체했어'로 바뀐다. '성공한 흑인 남자' 밈이 선사하는 유머의 효과는 사진과 아래 캡션 간의 코믹한 충돌에서 비롯된다.[9] 상단의 설명은 흑인에 대한 고정관념적 관습을 떠올리게 만들지만 허위이다. 하단의 설명은 그 고정관념이 허위라는 점을 일깨워 주고, 진정한 메시지를 전달한다.

라이언 밀너는 '성공한 흑인 남자' 밈에 담긴 사회적 의미가 모호하다고 지적한다.[10] 한편, 이 밈의 제목에는 인종적 추정이 넌지시 암시되어 있다. 그러므로 사진 속의 흑인을 (마약에 취하고, 범죄자이고, 위험하게 여겨지는) '일반적인' 흑인과 구별하려면 '성공한'이라는 수식어가 '흑인'이라는 범주 앞에 들어가야 한다. 그러나 '성공한 흑인 남자' 밈은 흑인들이란 으레 그렇다는 일반 원칙에 대한 예외를 보여준다. 동시에 사람들이 흑인에게 가지는 고정관념에 강력히 반박하는 메시지를 신랄하게 날린다. '성공한 흑인 남자' 밈은 사진 하단의 캡션에 반대 사례를 제시함으로써 사람들의 (종종 눈에 띄지 않는) 인종차별적인 짐작을 비판한다. 사진 하단의 캡션은 상단의 캡션을 흑인에 대한 고정관념을 고집하면서 읽은 독자에게 '벌을 주는' 것으로 이해될 수 있다.

다른 유명한 밈들과 마찬가지로 '성공한 흑인 남자' 밈은 미국에서 만들어졌지만 다른 나라들을 배경으로 하는 밈으로 바뀌어 세계로 퍼져나갔다. 그 가운데 몇몇 밈들은 해당 지역의 문화에 더 적합하게 개조되었다. 예를 들어 이스라엘에서는 유대교 근본주의파Haredim와 요르단강 서안 지구 정착민들Mitnachalim에 관한 밈으로 다시 환생했다. '아키바, 인본주의적 초정통파 유대인Akiva, the Humanist Ultra-Orthodox Man' 밈은 미국에서 만들어진 원조 밈에 담긴 익살스러운 메커니즘을 복제했다. 아키바 밈은 유대교 근본주의자들에 대한 고정관념을 암시하는 상단의 캡션과 반전을 보여주는 하단의 캡션으로 구성된다. 먼저 〈그림 20〉의 왼쪽 밈을 살펴보면, 사진 상단의 "여자여, 부엌으로 가라"(이스라엘에서 엄격히 분리된 젠더 역할을 암시한다)라는 외침은 하단의 "너를 위해 만든 카르토펠(삶은 감자 요리_ 옮긴이) 맛을 봐"로 놀랍게 달라진다. 오른쪽 밈은 "우리는 집에서 절대 영화를 보지 않아"(유대교 근본주의파는 TV와 영화를 금지한다)라는 단호한 자기주장이 쓰여 있다. 그렇지만 하단에는 "DVD에 비해 화질이 떨어지거든"이라는 대조적 어구가 붙어 있다.

언뜻 보면 '성공한 흑인 남자'의 이스라엘 버전은 고정관념

그림 20 아키바, 인본주의적인 초정통파 유대인 밈

출처: https://www.facebook.com/10gag/

을 확인한 이후 그것을 전복하기 때문에 미국의 원조 밈과 비슷한 효과를 내는 것처럼 보인다. 하지만 자세히 들여다보면 그렇지 않다. 아키바 밈은 등장인물에게 '아키바'라는 이름을 부여함으로써 어떤 메시지를 전달한다. 그 메시지는 유대교 근본주의자 집단에 대한 부정적 고정관념을 사실상 승인한 뒤 하나의 예외를 보여준다. 다시 말해 아키바 밈은 하레디Haredi (초정통파 유대인들 _옮긴이) 가운데 오직 한 명만이 그렇고, 나머지는 전혀 그렇지 않다고 말하고 있는 것이다. 다시 말해 아키바 밈은 한 명의 특별한 하레디만이 인본주의적이고, 나머지는 그렇지 않다는 의미였다. 아키바 밈을 본 독자들은 원조 '성공한 흑인 남자' 밈에 익숙하기 때문에 아키바 밈을 이스라엘 사회에 대한 성찰이 아니라 원래 미국 밈 버전을 장난스럽게

패러디한 것이라고 생각할 것이다. 원조 '성공한 흑인 남자' 밈에 내재되어 있는 강렬한 풍자적 면모는 번역 과정에서 실종되는 듯하다. 아키바 밈 사례는 밈을 형식, 콘텐츠, 입장의 차원에 따라 구분하는 접근 방식은 밈의 현지화 메커니즘을 이해할 때 유용할 수 있다는 점을 보여준다. '성공한 흑인 남자'의 이스라엘 버전은 미국 밈의 형식은 복제했지만, 콘텐츠와 풍자적 관점은 달라졌다.

인터넷 밈이 광범위하게 지역적으로 각색된 최근 사례는 〈강남스타일〉 뮤직비디오다. 6장에서 나는 이 비디오의 밈 매력이 단순하고 반복되는 요소들과 콘텐츠의 조합에서 나온다고 설명했다. 이런 조합은 (한국인 이외의 시청자들에게는) 매우 엉뚱하고 혼란스럽게 보이겠지만, 이 비디오는 사람들이 기본적 특징들(말춤과 되풀이되는 표현들)을 그대로 따라 하기 쉽게 만들어졌고, 매우 다양한 테마와 토픽들을 끼워 넣을 수 있게 해준다.

실제로 〈강남스타일〉은 거의 모든 언어와 국가들로 퍼져나가 엄청난 양의 밈 비디오들이 쏟아졌다. 수많은 파생 비디오들은 무척이나 다양한 맥락에서 생산되었는데 전 세계 사용자들이 〈강남스타일〉 영상에 반응한 방식이 유사하다는 점은 놀랍다. 특히 '강남'(서울의 부유한 동네)이라는 단어를 자신들에게 친숙한 지역적 의미local meaning로 대체했다. 예컨대 〈멕시 스타일Mexi Style〉, 〈밋 롬니 스타일〉, 〈근면한 호주인 스타일

Aussie Battler Style〉등이 만들어졌다. 폭넓은 밈의 각색은 '스타일'이라는 단어가 다양한 의미를 함축한 데서 비롯되었다. 이 현상을 페널로프 에커트Penelope Eckert는 "사회적 의미의 시각적 표현"으로 설명했다. '스타일'은 학문적·대중적 담론에서 개인적·집단적 정체성을 형성하고 유지하는 핵심적인 측면으로 여겨진다.[11] 〈강남스타일〉비디오 클립이 이처럼 다양하게 각색된 이유는 네 가지 뚜렷한 스타일 또는 정체성의 범주와 관련이 있어 보인다.

그 가운데 첫 번째이자 가장 가시적인 정체성 범주는 국가적·지역적 또는 하위문화적 정체성의 스타일과 관련된다. 이 범주에 속한 몇몇 파생적 비디오 클립들은 관광객들을 끌어들이기 위한 수단으로 만들어졌다. 이런 비디오 클립들은 노래를 영어로 부르거나 영어 캡션이 달려 있다. 예컨대 〈오랑 사바 스타일Orang Sabah Style〉의 창작자는 이렇게 설명한다. "사바는 말레이시아의 주state로, 정말 아름다운 곳이에요. 누구든 사바로 관광 오세요." 다른 영상들은 더 내적인 목적, 이를테면 거의 사적인 농담을 위해서 만들어진 것으로 보인다. 예를 들어, 사우디 청년들은 아내들의 불만이 대상이 되는 의복 습관을 소재로 비디오 버전을 만들었다. 이 비디오는 젊은 남성들이 집 안이나 밖에서나 마치 속옷처럼 보이는 흰 셔츠와 전통적 토브 바지를 입는 현상을 비꼬는 언급을 담고 있다.[12] 이런 유형의 밈 비디오들은 그 나라의 하위집단들을 드러낸다. 예를 들어 〈근면한 호주인 스타일〉(오지 버틀러는 호주의 초기 정착민들로서 용기와 끈기를 상징한다 _옮긴이) 비디오는 "헤이, 섹시 레이디Hey, sexy lady"라는 원곡의 한 소절을 "헤이, 칩스 앤 그레이비Hey, chips and gravy"(감자튀김에 고기 육즙을 뿌려 먹는 음식 _옮긴이) 또는 "헤이, 우리는 론데시를 사랑해Hey, we love Lowndesy"(호주의 유명한 카레이서 크레이그 론데스를 가리킨다 _옮긴이)로 바꾸었다.

특정한 장소를 강조하는 방식으로 〈강남스타일〉 원본 비디오를 따라 한 경우도 있지만, 원본의 다른 속성을 따라 한 사례도 있다. 다시 말해, 사용자들은 비디오의 모방을 통해서 사회적 풍자를 구축한 것이다. 전 세계에서 가장 많이 시청된 비디오 클립 몇 가지는 〈강남스타일〉의 인기를 등에 업고 정치적인 메시지를 직설적으로 전달한다. 예컨대 〈밋 롬니 스타일〉은 미국의 대통령 선거 캠페인 중에 만들어졌는데, 공화당 후보 롬니를 '기품 있는 머리 스타일을 하고서 하늘 높이 날아가는 전용기를 가진' 부패한 부자 정치인으로 표현했다. 중국 정부는 草泥马를 차오니마로 발음해 조롱하는 비디오들(8장에서 설명했듯이 정부 검열에 반대하는 상징물)을 지역 웹사이트에서 삭제해 버렸다. 〈차오니마 스타일〉 비디오에는 중국인 예술가이자 정치 활동가 아이웨이웨이(艾未未)가 창작자로 직접 출연했다. 그는 중국 당국에 의해서 2011년에 체포당한 일을 상징하는 수갑을 차고 「강남스타일」 노래에 맞춰 춤을 춘다.

정치적 비디오 클립들이 원본 비디오의 인기를 활용해 논쟁적 관점들을 보여주지만, '기관들이 만든' 비디오 클립들은 자기 홍보를 위해 인기를 이용하는 경향이 있다. 예를 들어, 미국항공우주국NASA이 패러디한 〈미국항공우주국 존슨 스타일〉은 우주 공간에 우주인들을 보내기 위해 활용된 최첨단 기술들과 과학적 업적을 스스로 높이 평가하는 데 초점을 맞췄다. 전 세계의 수많은 조직들과 단체들은 이와 비슷한 홍보 전략을 사용한다. 일례로 프랑스 보르도 지역의 한 나이트클럽은 〈강남스타일〉 비디오를 리메이크해 노골적인 광고물로 만들어 온라인에 올렸다.

마지막으로, 〈강남스타일〉 비디오는 매우 다양한 개인들의 스타일을 표현하는 용도로 유용하게 사용되었다. 이런 영상들은 종종 특별한 행사들을 기념하고자 만들어진다. 결혼식, 유대교의 성인식 바르 미츠바, 성탄절 파티에서 상영하려고 비디오를 리메이크했다. 이런 밈 버전들 가운데 몇몇은 원본 가사를 '후크'로 사용한다. 그 주된 방식은 비디오의 후렴구에 특정한 개인의 사적인 스타일을 표현하는 가사를 넣는 식이다. 예컨대 〈제이콥 스타일Jacob's Style〉이 그것이다. 원본 비디오의 템플릿을 개인화하기 위한 주된 기법은 비디오 클립을

그 지역의 고유한 장소나 익숙한 장소에서 촬영하고 행사 주
최자나 참석자들을 주인공으로 삼는 방식이다. 원본 영상이
가진 유명세는 행사에 참여하는 다양한 사람들 사이에서 공통
분모 역할을 한다. 즉, 이미 그 지역에 익숙한 팝컬처를 이용
하여 사람들을 서로 연결한다.

앞에서 언급한 마지막 논점은 세계화된 지구촌에서 '지역
적' 밈의 리메이크가 수행하는 사회적·문화적 역할과 관련이
있다. 즉, '지역적' 밈의 역할은 3장에서 내가 주장했었던 바와
일치한다. 3장에서 나는 네트워크 개인주의 기반의 사회에서
밈이 어떻게 핵심적 역할을 수행하는지 논했다. 내 주장을 다
시 요약하자면, 각각의 밈 버전은 특색이 있으며, 밈 생산자들
의 디지털 문해력과 창조성을 짐작케 해준다. 다른 한편, 이미
널리 알려진 비디오 클립이나 원형에 자신의 밈 버전을 추가
하는 행위는 그 밈 생산자들이 유사한 팝컬처 인공물을 즐기
는 커다란 공동체의 구성원이라는 사실을 시사한다. 이 공동
체는 세계적인 동시에 지역적으로 구성된다. 〈강남스타일〉
원본을 현지 버전으로 바꾼 비디오 클립들도 보편적·서구적
템플릿을 사용한다. 춤동작을 따라 하고 빠르게 편집하기 위
해서다. 그렇지만 동시에 한국이라는 지역으로 설정된 원본
비디오의 맥락을 뜯어내고 다른 문화, 즉 특성적 의미를 부여
한다. 따라서 번역된 언어적 농담들의 경우는 그 세계적 확산

의 모습이 가시적이지 않지만, 〈강남스타일〉과 같은 밈 비디오들에서는 이야기의 초국가적 흐름이 분명하게 구체화되어 있다.

10

인터넷 밈 연구의
미래 방향

이 책을 마지막 장까지 읽은 독자라면 다음의 내용을 확신했을 것이다.

① 많은 경험을 축적한 '밈'은 전 세계에서 일어나는 정치적 시위에서부터 특이한 한국식 춤동작에 이르기까지 다양한 행태들과 긴밀히 연결되어 있다. 그러므로 광범위한 동시대의 행동들을 이해하기에 적당하다.

② 인터넷 밈을 잘 전파되는 '개별적 단위'의 아이디어나 정보가 아니라 유사한 특성들을 지닌 아이템들의 집합체로 정의한다면, 우리는 밈을 문화적·사회적 집합들collectives의 반영으로 보고 연구할 뿐만 아니라 밈을 구성하는 개별적 목소리들도 연구할 수 있다.

③ '바이럴'이 언제나 '밈'과 공존하지는 않는다. 우리에게 어떤 영상이나 사진을 '공유'하도록 이끄는 두 용어의 특성들은 그것들을 흉내 내거나 리믹스하도록 자극하는 특성과는 다르다.

④ 인터넷 밈들은 '정치적 참여'와 '문화적 세계화'를 현대적으로 표현하는 핵심적 역할을 수행한다.

이 네 가지 요점들은 하나의 주장으로 귀결된다. 그것은 바로 우리가 인터넷 밈들을 진지하게 여길 필요가 있다는 깨달

음이다. 밈의 이해를 중요시하는 새로운 연구들은 인터넷 밈
들이 동시대의 정치적·문화적·사회적 과정들을 해석하는 데
도움이 된다는 점을 이미 입증했다. 얇은 이 책에서 나는 이
분야의 주요한 경향들을 추적했다. 그러나 다방면에 걸쳐 밈
이 내포한 의미를 전부 살펴보기에는 역부족이었다. 그러므
로, 결론을 대신하여 앞으로 전망 있는 밈 연구의 영역들 네
가지를 강조하고자 한다.

· 밈 참여의 정치학　　　　밈은 변덕스럽고 무작위한 방식으
로 인터넷에 떠다니지는 않는다. 성공적인 밈의 뒤에는
사람, 더 정확히는 '사람들'이 있다. 인터넷 밈을 생산하고
전파하는 과정에 참여한 개인들을 이해하고, 그들의 참여
방식이 인종, 민족, 성별, 권력과 어떻게 연관되는지 밝혀
내는 연구는 가치가 있다. 예를 들어 노엄 같이 연구했던
'잇 게즈 베터It Gets Better'(4장에서 다루었다) 캠페인은 10대
동성애자들을 응원하는 진보적 구호 때문에 활기를 띠었
다. 그런데 이 캠페인에 등장하는 출연자들은 젊은 백인
남성들이 다수를 차지했었다. 추가로 이루어지는 연구에
서 더 많은 사례들을 확인한다면 인터넷 밈이, 소외된 집
단들이 의견을 표출하는 대안적 경로로 얼마나 활용될 수
있고, 고착화된 권력구조를 어느 정도 반영할 수 있는지

알 수 있을 것이다.

· 언어로서 인터넷 밈 7장에서 상세히 설명했듯이 지난 10년에 걸쳐 인터넷 밈들은 폭발적으로 증가했으며, 분명한 생산 방식들을 갖추도록 진화했다. 밈은 문화적 지식의 공유 영역을 구성하기 때문에, 짧은 구절이나 이미지를 통해서도 복잡한 아이디어를 전달할 수 있다. 그러므로 '마음에 안 드는 데이트 상대 때문에 비참하고 외로운 느낌이 든다'라고 말하는 대신 간단히 '평생 솔로' 캐릭터를 가져다 붙여 넣으면 된다.

공유적 상징들의 유입은 밈을 진화시켰고, 밈은 언어의 2차적 층위 속으로 들어갔다. 그 결과 밈은 때때로 언어를 보완하거나 언어의 표준용법을 아예 대체하기도 한다. 라이언 밀너에 의하면 밈 언어를 정확히 사용하기 위해서는 사용자들이 하위문화 표준에 일정한 수준 이상으로 익숙해질 필요가 있다.[1] 오가는 이야기들 속에서 어떤 방식이 밈을 '적절하게' 또는 '틀리게' 사용하는 것인가를 확정적으로 판단하기는 무척 어렵다. 그 판단은 각 '밈 허브' 내부에서 지속되는 그룹 간의 토론을 통해서 결정될 수 있다. 포챈에서 밈 실행 방식들을 관찰한 아사프 니센보임Asaf Nissenboim은 새로운 사실을 밝혀냈다. 밈의 적절한 사용은 일종의 문화적 자본이 되었다. 밈을 사용하는 방식을 관찰해 보면 누가 '정보통'이고, 누가 공동체의 일부이고, 누가 외부인인지가 드러나게 된다.[2]

만일 정말로 밈이 '인터넷 언어'로 진화하는 과정에 있다면, 미래의 밈 연구는 다양한 사용자 집단들이 밈 언어를 어떻게 사용하는지를 이해하는 데 초점을 맞춰야 할 것이다. 이 야심찬 연구를 수행하기 위한 과정에서 주요한 의문들 가운데 하나는 세계적·지역적 정체성과 관련이 있다. 수십억 명의 네티즌들이 '글로벌' 언어를 완전히 통달한다면 인터넷 밈은 그 언어에서 어느 정도의 비중을 차지할까? 특정한 문화들은 저마다 다른 밈 토착어를 얼마나 창조할 수 있을까?

· 밈들과 정치적 변화   8장에서 나는 민주적 또는 비민주적 국가의 시민들이 정치에 참여하는 방법으로 인터넷 밈들을 어떻게 사용하는지 개략적으로 살펴보았다. 밈 활동들이 시민들에게 새롭고 창조적인 방식으로 정치적 의견을 표현할 수 있는 능력을 부여하지만, 밈들이 실제로 입법이나 정권교체와 같은 정치적 과정들에 얼마나 영향을 주는지는 불분명하다. 예를 들어, '월가를 점령하라' 밈들은 분명히 성공적이었지만, 정작 시위대가 주장했던 정

치적·경제적 변화가 이루어지기는커녕 현재 시스템을 약화시키지도 못했다. 미래의 밈 연구는 무엇이 인터넷 밈의 '효과'를 구성하며, 그 효과가 어떻게 측정될 수 있는지 밝혀낼 수 있을 것이다.

· 바이럴과 밈의 성공　　나는 6장에서 바이럴의 성공을 강화하는 몇 가지 요소들(즉, 사람들이 특정 아이템을 공유할 가능성)을 살펴보았으며, 이 요소들을 밈의 성공을 강화하는 요소들(즉, 사람들이 어떤 아이템에 리메이크 또는 리믹스로 반응할 가능성)과 구분했다. 이런 구분은 메시지의 효과를 극대화하려는 광고주들이나 다른 전문가들에게 실질적으로 영향을 미칠 것이다. '바이럴'은 현재 광고업계에서 많이 사용되는 유행어이지만, 사용자 참여가 증가하는 시대에는 밈 권력을 이해하는 것이 중요해 보인다.

앞에서 언급했다시피 밈 비디오들은 현대의 관심경제에서 경쟁을 거치게 된다. 그 과정을 통해 파생적 밈 비디오들은 원본 바이럴 비디오의 인지도를 높여준다. 이와 동시에 원본 바이럴 비디오도 파생적 밈 비디오의 홍보를 돕는다.

6장에서 미메시스와 바이럴리티를 다루면서 살펴본 성공 요소들은 긴 여정에서 단지 첫걸음일 뿐이다. 성공 요소들은 일반적 모형을 대표했기 때문에, 특정한 장르나 배경에 적용될 수 있는 미묘한 요소들은 미처 담아내지 못했다. 따라서 미래의 밈 연구는 상업적 광고물 또는 정치적 캠페인 등 특정한 밈 장르들에서 바이럴리티와 밈의 수용uptake을 강화하는 차별적인 요소들이 무엇인지를 살펴봐야 할 것이다.

결론을 마무리하며 돌아보니 인터넷 밈에 대해 우리가 깨달은 부분보다 제기된 질문들이 훨씬 더 많아 보인다. 이것이 우리가 인터넷 밈에 대해 파악한 지식의 현재 상태다. 그렇다고 단념할 수는 없다. 밈들은 디지털 문화의 기초적 구성 부분들이므로, 밈들에 대한 이해는 우리 자신에 대한 이해를 의미한다. 밈들이 사회적·문화적·정치적 현실과 상호작용 하는 방식들을 포괄적으로 그리려면 정량적인 '빅데이터' 분석, 정성적인 텍스트 정독, 비교문화연구 등 다양한 연구방법의 조합이 필요할 것이다. 약간의 유머 감각이 있는 열정적인 연구자들이 이 과제들에 도전하기를 기대한다.

한번 해보는 거야!

CHALLENGE ACCEPTED

주

2 개념화하기 어려운 밈의 역사

1. Richard Dawkins, *The Selfish Gene*(Oxford: Oxford University Press, 1976); Susan Blackmore, *The Meme Machine*(Oxford: Oxford University Press, 1999); Hans-Cees Speel, "Memetics: On a Conceptual Framework for Cultural Evolution," in Francis Heylighen and Diederik Aerts(ed.), *The Evolution of Complexity* (Dordrecht: Kluwer, 1996).

2. '밈' 용어에 대한 상세한 내용과 출처는 David L. Hull, "Taking Memetics Seriously: Memetics Will Be What We Make It," in Robert Aunger(ed.), *Darwinizing Culture: The Status of Memetics as a Science*(Oxford: Oxford University Press, 2000), pp.43~168 참조.

3. In Robert A. Meyers(ed.), *Encyclopedia of Complexity and System Sciences* (New York: Springer, 2009), http://pespmc1.vub.ac.be/Papers/ Memetics-Springer. pdf.

4. Henry Jenkins, Xiaochang Li, Ana Domb Krauskopf, and Joshua Green, "If It Doesn't Spread, It's Dead(Part One): Media Viruses and Memes," Feb. 11, 2009, http://henryjenkins.org/2009/02/if_it_doesnt_spread_its_dead_p. html.

5. Rosaria Conte, "Memes Through(Social) Minds," in Robert Aunger(ed.), *Darwinizing Culture: The Status of Memetics as a Science*(Oxford: Oxford University Press, 2000), pp.83~120.

6. Colin Lankshear and Michele Knobel, *A New Literacies Sampler*(New York: Peter Lang, 2007).

7. 민속학(folklore)로서의 밈에 대해서는 Lynne McNeill, "The End of the Internet: A Folk Response to the Provision of Infinite Choice," in Trevor J. Blank(ed.), *Folklore and the Internet*(Logan: Utah University Press, 2009), pp.80~97 참조.

3 밈이 디지털과 만날 때

1. 밈과 인터넷의 상호교차점에 대한 첫 번째 설명들 가운데 하나는 다음 문헌에서 확인

할 수 있다. Francis Heylighen and Klaas Chielens, "Cultural Evolution and Memetics," in Robert A. Meyers(ed.), *Encyclopedia of Complexity and System Science*, http://pespmc1.vub.ac.be/Papers/ Memetics-Springer.pdf.

2. Nicholas John, "Sharing and Web 2.0: The Emergence of a Keyword," *New Media and Society*(published online before print, July 3, 2012, doi: 10.1177/ 14614448124506). See also Nicholas John, "The Social Logics of Sharing," *Communication Review*(forthcoming).

3. Daniel Gilmore, "Another Brick in the Wall: Public Space, Visual Hegemonic Resistance, and the Physical/Digital Continuum," *Communication Theses*, paper 91(MA thesis, Georgia State University, 2012).

4. Henrik Bjarneskans, Bjarne Grønnevik, and Anders Sandberg, "The Life-cycle of Memes"(1999), http://www.aleph.se/Trans/Cultural/Memetics/ memecycle. html.

5. Alice Marwick and danah boyd, "I Tweet Honestly, I Tweet Passionately: Twitter Users, Context Collapse, and the Imagined Audience," *New Media and Society* 13(2011), pp.96~113.

6. '관심경제(attention economy)'에 대해 더 알고 싶으면 Richard A. Lanham, *The Economics of Attention: Style and Substance in the Age of Information* (Chicago: University of Chicago Press, 2006) 참조.

7. Jean Burgess, "All Your Chocolate Rain Are Belong to Us? Viral Video, YouTube, and the Dynamics of Participatory Culture," in Geert Lovink and Sabine Niederer (ed.), *Video Vortex Reader: Responses to YouTube* (Amsterdam: Institute of Network Cultures, 2008), pp.101~109.

4 인터넷 밈 정의하기

1. 유심주의자의 접근(mentalist approach)에 대한 상세한 설명과 밈을 둘러싼 논란에 대한 이해를 가장 잘 돕는 자료는 다음과 같다. Daniel C. Dennett, *Darwin's Dangerous Idea: Evolution and the Meanings of Life*(New York: Touchstone, 1995).

2. 행태주의 밈학에 대한 자세한 논의는 Derek Gatherer, "Why the 'Thought Contagion' Metaphor Is Retarding the Progress of Memetics," *Journal of Memetics — Evolutionary Models of Information Transmission*, http://jom-emit.cfpm.org/ 1998/vol2/gatherer_d.html 참조.

3. 나는 밈을 콘텐츠, 형식, 입장 이렇게 세 가지 차원에서 분석하지만, 패트릭 데이비슨 (Patrick Davidson)은 '행태(behavior)' 차원을 추가하자고 제안했다. '아이디어'(밈의

콘텐츠)와 그 '아이디어의 표현'(밈의 형식) 이외에 행태를 추가하자는 것이다. 그 주장에 대하여는 이 책 7장에서 개략적으로 다루겠다. Patrick Davidson, "The Language of (Internet) Memes," in Michael Mandiberg(ed.), *The Social Media Reader*(New York: NYU Press, 2012), pp.120~127.

4. Susan U. Philips, "Participant Structures and Communicative Competence: Warm Springs Children in Community and Classroom," in Courtney B. Cazden, Vera P. John, and Dell H. Hymes(ed.), *Functions of Language in the Classroom*(New York: Teachers College Press, 1972), pp.370~394; Shoshana Blum-Kulka, Deborah Huck-Taglicht, and Hanna Avni, "The Social and Discursive Spectrum of Peer Talk," *Discourse Studies* 6, no.3(2004), pp.307~328, doi:10.1177/ 1461445604044291; Roman Jakobson, "Linguistics and Poetics," in Thomas A. Sebeok(ed.), *Style in Language*(Cambridge, MA: MIT Press, 1960), pp.350~ 377.

5. '브리트니를 내버려 둬'에 대한 추가적인 분석은 Aymar Jean Christian, "Camp 2.0: A Queer Performance of the Personal," *Communication, Culture, and Critique* 13, no.3(2010), pp.352~376; Nick Salvato, "Out of Hand: YouTube Amateurs and Professionals," *Drama Review* 53, no.3(2009), pp.67~83 참조.

6. Noam Gal, "Internet Memes and the Construction of Collective Identity: The Case of 'It Gets Better'"(unpublished MA thesis, The Hebrew University of Jerusalem, 2012).

5 '밈' 대 '바이럴'

1. Jeff Hemsley and Robert M. Mason, "The Nature of Knowledge in the Social Media Age: Implications for Knowledge Management Models," *Journal of Organizational Computing and Electronic Commerce* 23, no.1-2(2013), pp. 138~176.

2. 두 가지 유형의 비디오들은 젠킨스가 말했던 용어 **'확산 가능한 미디어**(spreadable media)'로 격하될 수 있다("If It Doesn't Spread, It's Dead(Part One): Media Viruses and Memes," Feb. 11, 2009, http://henryjenkins.org/2009/02/if_it_doesn't_spread_its_dead_p.html). 헨리 젠킨스는 바이럴 미디어와 인터넷 밈에 대한 종래의 서술이 흐릿하다고 비판했다. 나도 젠킨스의 비판에는 동의하지만, 한편으로는 바이럴과 밈 이라는 용어를 포기하기보다는 더 적합하게 정의하기 위해 시도해야만 한다고 본다.

3. 이는 정치적 비디오 밈의 바이럴 전파과정을 분석한 연구들이 오직 **'바이럴'** 단어만을 사용했다는 의미가 아니고, '바이럴'은 이런 연구물에서 핵심 용어로 꾸준히 사용되었다는 의미이다. 활동 주체들이 온라인 확산 과정에 어떻게 개입했는지를 다룬 두드러진 연구

로는 다음 참조. Jure Leskovec, Lars Backstrom, and Jon Kleinberg, "Meme-Tracking and the Dynamics of the News Cycle," in *Proceedings of the 15th ACM SIGKDD International Conference on Knowledge Discovery and Data Mining*(Paris, June 28- July 1, 2009); and Gabe Ignatow and Alexander T. Williams, "New Media and the 'Anchor Baby' Boom," *Journal of Computer-Mediated Communication* 17, no.1(2011), p.60.

4. Lada A. Adamic, Thomas M. Lento, and Andrew T. Fiore, "How You Met Me"(short paper, International AAAI Conference on Weblogs and Social Media, Dublin, June 4- 7, 2012), http://www.aaai.org/ocs/index.php/ICWSM/ ICWSM12/ paper/view/4681; Matthew P. Simmons, Lada A. Adamic, and Eytan Adar, "Memes Online: Extracted, Subtracted, Injected, and Recollected"(short paper, International AAAI Conference on Weblogs and Social Media, Barcelona, July 17-21, 2011), http://www.aaai.org/ ocs/index. php/ICWSM/ICWSM11/paper/view/ 2836/3281.

6 바이럴과 밈은 어떻게 성공했을까?

1. Jonah Berger and Katherine Milkman, "What Makes Online Content Viral?," *Journal of Marketing Research*, 49 no.2(2012), pp.192~205.

2. '바이럴 전파에서 유머가 차지하는 중심적 역할에 대해서는 다음 참조. Joseph Phelps, Regina Lewis, Lynne Mobilio, David Perry, and Niranjan Raman, "Viral Marketing or Electronic Word-of-Mouth Advertising: Examining Consumer Responses and Motivations to Pass along Email," *Journal of Advertising Research* 45, no.4(2004), pp.333~348; Guy Golan and Lior Zaidner, "Creative Strategies in Viral Advertising: An Application of Taylor's Six- Segment Message Strategy Wheel," *Journal of Computer-Mediated Communication*, 13, no.4(2008), pp.959~972.

2. Jenkins Blaise, "Consumer Sharing of Viral Video Advertisements: A Look into Message and Creative Strategy Typologies and Emotional Content: A Capstone Project"(MA thesis, American University, 2011), http://www.american.edu/soc/ communication/upload/blaise-jenkins.pdf.

4. 〈코니 2012〉 캠페인을 광범위하게 다룬 이선 주커먼(Ethan Zuckerman)의 블로그. "Unpacking Kony 2012," http://www.ethanzuckerman.com/blog/2012/03/08/ unpacking-kony-2012/.

5. Ethan Zukerman, "Useful reads on Kony 2012," http://www.ethanzuckerman. com/blog/2012/03/14/useful-reads-on-kony-2012/.

6. Oliver Hinz, Bernd Skiera, Christian Barrot, and Jan Becker, "Seeding Strategies for Viral Marketing: An Empirical Comparison," *Journal of Marketing* 75, no.6(2011), http://www.marketingpower.com/AboutAMA/Documents/JM_Forthcoming/seeding_strategies_for_viral.pdf.

7. Gilad Lotan, "KONY2012: See How Invisible Networks Helped a Campaign Capture the World's Attention," http://blog.socialflow.com/post/7120244932/data-viz-kony2012-see-how-invisible-networks-helped-a-campaign-capture-the-worlds-attention.

8. Niklas Odén and Richard Larsson, "What Makes a Marketing Campaign a Viral Success? A Descriptive Model Exploring the Mechanisms of Viral Marketing," UmeåUniversity, Faculty of Social Sciences, Department of Informatics, http://www.essays.se/essay/a028b08bc6/.

9. W. Lance Bennett and Alexandra Segerberg, "The Logic of Connective Action," *Information, Communication, and Society* 15, no.5(2012), pp.739~768.

10. Grant Meacham, "#Occupy: The Power of Revolution When It Becomes Memetic," Nov. 4(2011), http://d-build.org/blog/?p=2995.

11. Limor Shifman, "An Anatomy of a YouTube Meme," *New Media and Society* 14, no.2(2012), pp.187~203.

12. Jean Burgess and Joshua Green, *YouTube: Online Video and Participatory Culture*(Cambridge: Polity Press, 2009).

13. Colin Lankshear and Michele Knobel, *A New Literacies Sampler*(New York: Peter Lang, 2007).

14. Richard J. Pech, "Memes and Cognitive Hardwiring: Why Are Some Memes More Successful Than Others?," *European Journal of Innovation Management* 6, no.3(2003), pp.173~181.

15. Henry Jenkins, Xiaochang Li, Ana Domb Krauskopf, and Joshua Green, "If It Doesn't Spread, It's Dead(Part One): Media Viruses and Memes," Feb. 11, 2009, http://henryjenkins.org/2009/02/if_it_doesnt_spread_its_dead_p.html.

16. John Fiske, *Television Culture*(London: Methuen, 1987).

7 밈의 장르들

1. Wanda J. Orlikowski and JoAnne Yates, "Genre Repertoire: The Structuring of Communicative Practices in Organizations," *Administrative Science Quarterly*

39(1994), pp.541~574.

2. Jean Elizabeth Burgess, "Vernacular Creativity and New Media"(PhD diss., Queensland University of Technology, Australia, 2007).

3. Ryan M. Milner, "The World Made Meme: Discourse and Identity in Participatory Media"(PhD diss., University of Kansas, 2012). 밈의 창작이 지난 10년 동안 간단해 졌음에도 불구하고, 다양한 기술적 능력이 밈 생산 과정에 적용되었다. 이를테면 포토 샵을 다룰 수 있는 사람들이나 편집자들은 더 쉽게 기존의 틀을 깨고 밈을 창작했으므 로 결과적으로 두각을 나타냈다.

4. 포토샵 유머에 대한 명쾌한 분석 및 인터넷 유머의 시각적 특징에 대하여는 다음의 자 료 참조. Giselinde Kuipers, "Media Culture and Internet Disaster Jokes: Bin Laden and the Attack on the World Trade Center," *European Journal of Cultural Studies* 5(2002), pp.451~471.

5. Virág Molnár, "Reframing Public Space through Digital Mobilization: Flash Mobs and the Futility(?) of Contemporary Urban Youth Culture"(2009), http://www. scribd.com/doc/91277534/Reframing-Public-Space.

6. Joshua Walden, "Lip-sync in *Lipstick*: 1950s Popular Songs in a Television Series by Dennis Potter," *Journal of Musicological Research* 27(2008), pp. 169~195.

7. Dan Zak, "Office Drones, Lip-Sync Your Heart Out," *Washington Post*, Nov. 11(2007), http://www.washingtonpost.com/wp-dyn/content/article/2007/11/08/ AR2007110802060.html.

8. Graeme Turner, *Ordinary People and the Media* (London: Sage, 2009).

9. Lori Kendall, "Beyond Media Producers and Consumers: Online Multimedia Productions as Interpersonal Communication," *Information, Communication, and Society* 11, no.2(2008), pp.207~220.

10. Aaron Schwabach, "Reclaiming Copyright From the Outside In: What the Downfall Hitler Meme Means for Transformative Works, Fair Use, and Parody," *Buffalo Intellectual Property Law Journal*(2012), http://papers.ssrn.com/ol3/apers. cfm?abstract_id=2040538.

11. Kathleen Amy Williams, "Fake and Fan Film Trailers as Incarnations of Audience Anticipation and Desire, *Transformative Works and Cultures* 9(2012), http://journal. transformativeworks.org/index.php/twc/article/view/360.

12. Ibid., p.2.

13. Kate Miltner, "Srsly Phenomenal: An Investigation into the Appeal of LOL- Cats"(MA

thesis, London School of Economics and Political Science, 2011).

14. Lee Knuttila, "User Unknowns: 4chan, Anonymity, and Contingency," *First Monday* 16, no.10(2012), http://firstmonday.org/htbin/cgiwrap/bin/ojs/index.php/fm/article/viewArticle/3665/3055.

15. Milner, "The World Made Meme," p.66.

16. Ibid., p.70.

8 정치참여로서의 밈: "엄청난 포스가 함께하길"

1. Limor Shifman, Stephen Coleman, and Stephen Ward, "Only Joking? On-line Humour in the 2005 UK General Election," *Information, Communication, and Society* 10, no.4(2007), pp.465~487.

2. 이런 시위에서 뉴미디어가 수행하는 역할에 대해서는 다음 문헌 참조. Zeynep Tufekci and Christopher Wilson, "Social Media and the Decision to Participate in Political Protest: Observations from Tahrir Square," *Journal of Communication* 62, no.12(2012), pp.363~379; Gilad Lotan, Erhardt Graeff, Mike Ananny, Devin Gaffney, Ian Pearce, and danah boyd, "The Revolutions Were Tweeted: Information Flows During the 2011 Tunisian and Egyptian Revolutions," *International Journal of Communication* 5(2012), pp.1375~1405. 이런 시위들에서 뉴미디어가 수행하는 역할에 대한 비판적 분석에 대해서는 다음 참조. Gadi Wolfsfeld, Tamir Sheafer, and Elad Segev, "The Social Media and the Arab Spring: Politics Always Comes First," *International Journal of Press/Politics* 18, no.2(2013), pp.115~137.

3. W. Lance Bennett and Alexandra Segerberg, "The Logic of Connective Action," *Information, Communication, and Society* 15, no.5(2012), pp. 739~768.

4. Ryan Milner, "The World Made Meme: Discourse and Identity in Participatory Media"(PhD diss., University of Kansas, 2012).

5. Elihu Katz and Paul Lazarsfeld, *Personal Influence*(Glencoe, IL: Free Press of Glencoe, 1955).

6. Travis Ridout, Erika Franklin Fowler, and John Branstetter, "Political Advertising in the 21st Century: The Rise of the YouTube Ad"(paper presented at the annual meeting of the American Political Science Association, Washington, DC, September 2~5, 2010), http://papers.ssrn.com/sol3/papers.cfm?abstract_id=1642853.

7. Kevin Wallsten, "Yes We Can: How Online Viewership, Blog Discussion, Campaign

Statements, and Mainstream Media Coverage Produced a Viral Video Phenomenon," *Journal of Information, Technology, and Politics* 7, nos.2~3(2010), pp.163~181.

8. Karine Nahon, Jeff Hemsley, Shawn Walker, and Muzammil Hussain, "Fifteen Minutes of Fame: The Place of Blogs in the Life Cycle of Viral Political Information," *Policy and Internet* 3, no.1(2011).

9. Bennett and Segerberg, "The Logic of Connective Action."

10. Nathan Schneider, "From Occupy Wall Street to Occupy Everywhere," *Nation*, October 31(2011).

11. Geniesa Tay, "Embracing LOLitics: Popular Culture, Online Political Humor, and Play"(MA thesis, University of Canterbury, 2012).

12. Erving Goffman, *The Presentation of Self in Everyday Life*(New York: Doubleday, 1959).

13. 다양한 스캔들의 형태, 추문에 대해서는 다음을 참조. John B. Thompson, *Political Scandal: Power and Visibility in the Media Age* (Cambridge: Polity, 2000); Mats Ekstrom and Bengt Johansson, "Talk Scandals," *Media, Culture, and Society* 30, no.1(2008), pp.61~79.

14. Jonathan Alan Gray, Jeffrey P. Jones, and Ethan Thompson, "The State of Satire, the Satire of State," in Jonathan Alan Gray, Jeffrey Jones, and Ethan Thompson(ed.), *Satire TV: Politics and Comedy in the Post-Network Era* (New York: NYU Press, 2009), pp.3~36.

15. Henry Jenkins, *Convergence Culture: Where Old and New Media Collide* (New York: NYU Press, 2008).

16. Christopher Rea, "Spoofing (*e'gao*) Culture on the Chinese Internet," in Jessica Milner Davis and Jocelyn Chey(ed.), *Humor in Chinese Life and Letters: Modern and Contemporary Approaches*(Hong Kong: Hong Kong University Press, forthcoming).

17. Jiang Zemin, cited in Xi Chen, "Dynamics of News Media Regulations in China: Explanations and Implications," *Journal of Comparative Asian Development* 5(2006), pp.49~64.

18. Rea, "Spoofing (*e'gao*) Culture on the Chinese Internet."

19. Shaojung Sharon Wang, "China's Internet Lexicon: The Symbolic Meaning and Commoditization of Grass Mud Horse in the Harmonious Society," *First Monday* 17,

nos. 1~2(2012), http://www.firstmonday.org/htbin/cgiwrap/bin/ojs/index.php/
fm/article/view/3758/3134.

20. Ibid.

21. Lillian Boxman-Shabtai, "Ethnic Humor in the Digital Age: A Reevaluation" (MA
thesis, Hebrew University of Jerusalem, 2012).

9 전 세계로 퍼져가는 인터넷 밈

1. John Tomlinson, *Cultural Imperialism: A Critical Introduction*(London: Pinter,
1991).

2. Shani Orgad, "The Cultural Dimensions of Online Communication: A Study of
Breast Cancer Patients' Internet Spaces," *New Media and Society* 8, no. 6(2006),
pp.877~899; Charles Ess and Fay Sudweeks, "Culture and Computer-Mediated
Communication: Toward New Understanding," *Journal of Computer Mediated
Communication* 11, no.1, article 9(2005), http://jcmc.indiana.edu/vol11/issue1/
ess.html.

3. Roland Robertson, "Glocalization: Time-Space and Homogeneity-Hetero- geneity,"
in Mike Featherstone, Scott Lash, and Roland Robertson(ed.), *Global Modernities*
(London: Sage, 1995), pp.25~44, 28.

4. Robert McChesney, "So Much for the Magic of Technology and the Free Market:
The World Wide Web and the Corporate Media System," in Andrew Herman and
Thomas Swiss(ed.), *The World Wide Web and Contemporary Cultural
Theory*(London: Routledge, 2000), pp.5~35; N. A. John, "The Construction of the
Multilingual Internet: Unicode, Hebrew, and Globalization," *Journal of
Computer-Mediated Communication* 18(2013), pp.321~338.

5. David Crystal, "The Future of Englishes," in Ann Burns and Caroline Coffin(ed.),
Analyzing English in a Global Context(London: Routledge, 2001), pp.53~64.

6. Limor Shifman and Mike Thelwall, "Assessing Global Diffusion with Web Memetics:
The Spread and Evolution of a Popular Joke," *Journal of the American Society for
Information Science and Technology* 60, no.12(2009), pp.2567~2576.

7. 인터넷 기반의 "화성에서 온 남자, 금성에서 온 여자(Mars and Venus)" 유머에 대해서
는 다음 문헌 참조. Limor Shifman and Dafna Lemish, "'Mars and Venus' in Virtual
Space: Post-feminist Humor and the Internet," *Critical Studies in Media*

   Communication 28, no.3(2011), pp.253~273; Limor Shifman and Dafna Lemish, "Between Feminism and Fun(ny)mism: Analyzing Gender in Popular Internet Humor," *Information, Communication, and Society* 13, no.6(2010), pp.870~891.

8. Limor Shifman, Hadar Levy, and Mike Thelwall, "Internet Memes as Globalizing Agents?"(paper presented at the Association of Internet Researchers[AoIR] 13th Conference, Salford, England, October 2012).

9. '성공한 흑인 밈'에 삽입된 상단 캡션과 하단 캡션의 상반된 표현에서 비롯된 유머에 대해서는 다음 참조. Victor Raskin, *Semantic Mechanisms of Humor* (Dordrecht: Reidel, 1985).

10. Milner, "The World Made Meme: Discourse and Identity in Participatory Media"(PhD diss., University of Kansas, 2012), pp.179~182.

11. Penelope Eckert, "The Meaning of Style," in Wai Fong Chiang, Elaine Chun, Laura Mahalingappa, and Siri Mehus(ed.), *SALSA XI: Proceedings of the Eleventh Annual Symposium about Language and Society*(Austin: Texas Linguistics Forum, 2004).

12. http://english.alarabiya.net/articles/2012/11/04/247600.html 참조.

10 인터넷 밈 연구의 미래 방향

1. Milner, "The World Made Meme: Discourse and Identity in Participatory Media"(PhD diss., University of Kansas, 2012).

2. Asaf Nissenboim, "Lurk More, It's Never Enough: Memes as Social Capital on 4chan"(MA thesis, Hebrew University of Jerusalem, in progress).

더 읽을거리

Aunger, Robert(ed.). 2000. *Darwinizing Culture: The Status of Memetics as a Science.* Oxford: Oxford University Press.

Blackmore, Susan. 1999. *The Meme Machine.* Oxford: Oxford University Press [한국어판: 『문화를 창조하는 새로운 복제자 밈』, 김명남 옮김(바다출판사, 2010)].

Burgess, Jean, and Joshua Green. 2009. *YouTube: Online Video and Participatory Culture.* Malden, MA: Polity.

Coleman, Gabriella. 2012. *Coding Freedom: The Ethics and Aesthetics of Hacking.* Princeton: Princeton University Press.

Dawkins, Richard. 1976. *The Selfish Gene.* Oxford: Oxford University Press [한국어판: 리처드 도킨스, 『이기적 유전자』, 홍영남·이상임 옮김(을유문화사, 2010)].

Dennett, Daniel C. 1995. *Darwin's Dangerous Idea: Evolution and the Meanings of Life.* New York: Touchstone.

Jenkins, Henry. 2006. *Convergence Culture: Where Old and New Media Collide.* New York: NYU Press [한국어판: 『컨버전스 컬처』, 김정희원·김동신 옮김(비즈앤비즈, 2008)].

Jenkins, Henry, Sam Ford, and Joshua Green. 2013. *Spreadable Media: Creating Value and Meaning in a Networked Culture.* New York: NYU Press.

Lanham, Richard A. 2006. *The Economics of Attention: Style and Substance in the Age of Information.* Chicago: University of Chicago Press.

Lankshear, Colin, and Michele Knobel. 2007. *A New Literacies Sampler.* New York: Peter Lang.

Milner, Ryan M. 2012. *The world made meme: Discourse and identity in participatory media.* PhD diss., University of Kansas.

찾아보기

인명

용어

지은이
리모르 시프만(Limor Shifman)

예루살렘 히브리 대학교(Hebrew University) 커뮤니케이션학과 교수이다. 옥스퍼드 인터넷연구소(Oxford Internet Institute)에서 펠로로, 서던 캘리포니아 대학교(USC) 애넌버그 커뮤니케이션 스쿨에서 방문학자로 연구했다. 디지털 미디어, 팝컬처에 관심이 많다. 사용자 제작 콘텐츠(UCC) 패턴의 분석, 온라인에서의 문화전파 수단에 주목한다. 많은 이용자들의 참여를 유도하는 유튜브 비디오들의 공통점은 무엇인가, 세계화 과정에서 인터넷 농담은 어떤 역할을 하는가, 인터넷 밈이 어떻게 사회적·정치적 변화를 촉진하는 기능을 하는가 등을 연구하고 있다.

옮긴이
최은창

≪MIT 테크놀로지 리뷰≫ 한국판 편집위원이다. 옥스퍼드 대학교 비교미디어 법정책(PCMLP)에서 방문학자로 연구한 후 예일 대학교 로스쿨 정보사회 프로젝트(Information Society Project) 펠로를 지냈다. 저서로 『가짜뉴스의 고고학』(2020), 『레이어 모델』(2015), 공저로 『인공지능 윤리와 거버넌스』(2021), 『인공지능, 권력변환과 세계정치』(2018), 『저작권 기술용어집』(2016), 역서로 『사물인터넷이 바꾸는 세상』(2017), 요하이 벤클러(Yochai Benkler)가 쓴 『네트워크의 부』(2015)가 있다.

MIT 지식 스펙트럼

디지털 문화의 전파자 밈

지은이 **리모르 시프만** ㅣ 옮긴이 **최은창** ㅣ 펴낸이 **김종수** ㅣ 펴낸곳 **한울엠플러스(주)** 편집책임 **최진희**

초판 1쇄 인쇄 **2022년 6월 20일** ㅣ 초판 1쇄 발행 **2022년 7월 7일**

주소 **10881 경기도 파주시 광인사길 153 한울시소빌딩 3층**
전화 **031-955-0655** ㅣ 팩스 **031-955-0656**
홈페이지 **www.hanulmplus.kr** ㅣ 등록번호 **제406-2015-000143호**

Printed in Korea.
ISBN 978-89-460-6524-6 03300 (양장)
       978-89-460-6525-3 03300 (무선)
* 책값은 겉표지에 표시되어 있습니다.